KB240079

DATA
ECONOMY

DATA ECONOMY

서울대 법과경제연구센터가 제시하는
인공지능과 4차 산업혁명 시대의 상생과 공존의 전략

데이터 이코노미

한스미디어

데이터의 미래, 그리고 우리의 미래

데이터의 시대가 왔다. 데이터가 사회와 경제를 움직이는 핵심적인 동력이 되는 새로운 시대로 패러다임이 변화하고 있다. 이를 데이터 주도 경제라고도 하고 데이터 중심 경제라고도 한다data-driven economy. '데이터가 21세기의 원유'라는 표현은 이제 식상해졌지만, 이는 절반은 맞고 절반은 틀린 표현이다. 데이터의 중요성을 상징적으로 표현한다는 점에서는 옳은 표현이지만, 기계 장치 작동을 위해 연료로 투입된 원유가 소진되는 것과는 달리 데이터는 소진되지도 않고 반드시 원료의 기능을 수행하지도 않는다는 점에서는 틀린 표현이기 때문이다.

데이터는 일단 확보되면 일부러 삭제하지 않는 한 조직 안에 계속 머무는 것이 원칙이다. 데이터는 활용된 이후 사라지지도 않는다. 오히려 데이터는 '재활용'이 가능한 경우가 많고, 데이터가 지속적으로 축적되면서 부가가치가 더욱 높아지는 경우도 흔히 볼 수 있다. 따라서 데이터를 많이 가진 기업이 더 높은 경쟁력을 보일 수 있고, 반대로 데이터를 보유하지 못한 기업은 새로이 데이터를 축적하는 과정이 매우 힘들 수도 있다.

데이터는 보유하는 것 자체로도 의미가 있지만, 대부분 그보다 훨씬 더 중요한 것은 구체적으로 어떤 데이터를 확보할 수 있으며 그 주어진 데이터에서 어떤 분석과 함의를 끌어낼 수 있을지에 관한 것이다. 즉, 데이터 자체가 의미를 가진다기보다 분석과 활용이 어떻게 이루어질 수 있는가가 중요할 때가 많다. 빅데이터다 인공지능이다 하는 것도 사실 데이터를 많이 축적하고 있다는 것 자체에 큰 의미를 두는 것이 아니다. 그보다는 일정 수준 이상의 데이터를 확보하는 것이 가능하다는 전제 아래 거기서 어떻게 유용한 분석 결과를 도출할 수 있을지가 관건이다.

한편 데이터는 잘못 다루면 커다란 화를 부를 수도 있다. 개인의 프라이버시를 제대로 고려하지 못한 정보의 오·남용 상황이나 불법적인 대규모 정보 유출 등의 상황이 발생하면 그로부터 다양한 형태의 부작용과 해악이 나타날 수 있기 때문이다. 따라서 대규모 데이터, 특히 개인정보 유형의 데이터를 보유하는 조직이나 기업은 개인정보 보유가 필요한 것인지, 구체적으로 어떤 유형의 데이터가 필요한 것인지,

확보한 데이터는 어떻게 관리할 것인지 등에 관해 많은 고민을 할 필요가 있다.

이 책은 이와 같은 상황 인식을 전제로 데이터를 중요하게 바라보는 다양한 맥락에 대하여 집필진의 고려와 고민을 반영하여 준비했다. 집필진은 모두 법률가이다. 하지만 미래 사회와 경제가 어떻게 변모할 것이며 그 과정에서 데이터가 어떤 역할을 해야 할 것인지에 대하여 실정법의 틀에서 벗어나 현실에 기초하여 좀 더 적극적인 의견을 개진하고 있다. 법률가로 필진이 구성되었기 때문에 미래 세계의 변화 가능성에 대한 상상력에는 제한이 있을지도 모르지만, 현 시점의 우리나라 상황에 주목하여 문제점과 해법을 모색해본다는 데 이 작업의 중요한 의미가 있을 것이다.

책을 준비하는 작업은 2016년 상반기부터 1년여의 기간을 두고 이루어졌다. 각각의 주제에 필자들이 자신의 의견을 정리하여 이를 공유하고, 다시 피드백을 구하는 과정을 반복적으로 진행했다. 이를 통하여 서로 적극적으로 의견을 교환했으며, 또한 현재와 가까운 미래 사회에서 데이터가 어떤 의미를 가질 것인가에 대해서도 다각도에서 함께 고민했다. 이 책에 담긴 내용은 그런 우리의 고민과 의견 교환 결과를 반영한 산물이다.

이 책을 준비하는 과정에서 많은 분의 도움을 받았다. 무엇보다 필자로 참여한 모든 분들께 깊은 감사를 드린다. 별도의 재정 지원도 없었고 그 밖에 여러 가지로 여의치 않은 환경이었음에도 불구하고 작업에 적극적으로 참여해주신 필자 여러분께 다시 한번 고마운 마음을 전한다. 인공지능에 대한 이해에 많은 도움을 준 구본효 조교, 작업 진행에서 여러 가지로 역할을 한 윤준영 조교에게도 감사를 드린다. 그리고 원고를 가다듬고 이를 멋진 책자로 만드는 데 커다란 역할을 해주신 한스미디어 모민원 팀장님과 편집팀 여러분께도 깊은 감사의 뜻을 전한다.

2017년 6월
모든 필자를 대표하여, 고학수

CONTENTS

1장

인공지능 알고리즘과 시장

고학수

서울대학교 법학전문대학원 교수

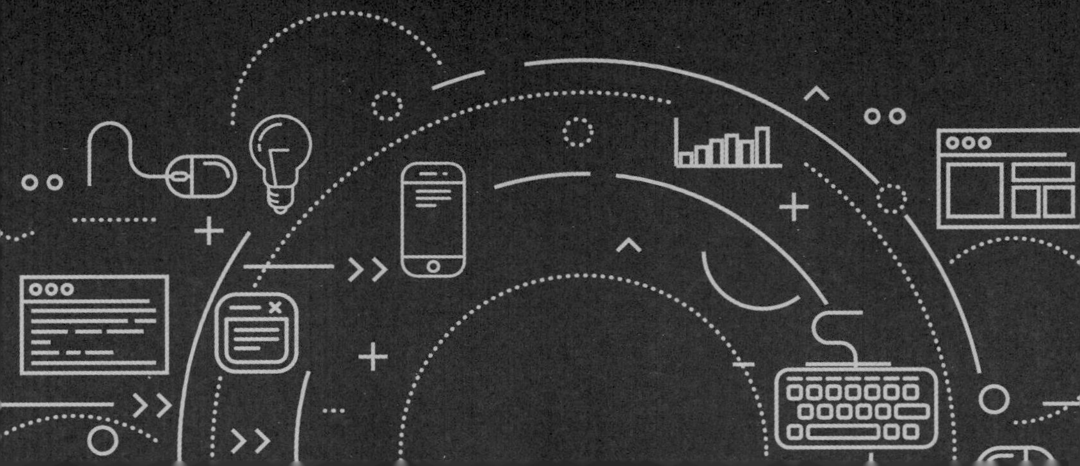

불과 1~2년 전만 해도 사람들 대부분에게 생소한 개념이었던 인공지능이 이제는 신기술에 관해 얘기할 때 가장 먼저 언급된다. 사실 인공지능이라는 표현 자체는 많은 사람들에게 익숙해졌을지 모르지만, 정작 인공지능이 무엇인지, 그리고 인공지능 기술을 활용하여 우리 생활이 구체적으로 어떻게 달라질지 생각하면 그 답을 자신 있게 제시할 수 있는 사람은 많지 않다.

인공지능이라는 표현에서 인공지능이 어떤 것인지 생각해보자. 먼저 '인공artificial'과 '지능intelligence'을 개념적으로 구분하여 살펴볼 수 있다. '인공'의 개념은 컴퓨터 작동을 통해 데이터 처리나 연산이 이루어지는 상황을 쉽게 상정하여 생각할 수 있는 반면, '지능'의 개념은 좀 더 복잡하다. 지능의 특징을 특정하여 나열한다거나 그 개념을 정의하는 것 자체가 간단하지 않다. 다만 지능의 중요한 특징으로 인지와 판단 등을 꼽을 수 있다.

최근 이루어진 인공지능 기술의 눈부신 발전은 역설적이게도 인공지능의 정의를 더욱 어렵게 만든다. 매우 다양한 영역에서 매우 다양한 용도로 인공지능 기술이 활용되고 있고, 응용과 활용의 범위가 계속 넓어지고 있기 때문이다. 국내에도 친숙한 '알파고' 같은 바둑 프로그램도 인공지능이고, 집 안에서 사용되는 로봇청소기에도 인공지능 기술이 적용되어 있다. 또 음성 인식 기능이 탑재된 인공지능 스피커도 실생활에서 활용도가 높아지고 있다. 일부 IT 기업들이 제공하는 번역 서비스에도 인공지능 기술이 적극적으로 활용되면서 그 정확도와 신뢰도가 크게 높아졌다. 인공지능은 자율주행 자동차 개발에 핵심적인 역할을 하기도 하고, 의료 현장에서 환자의 진료를 돕기도 한다. 이처럼 인공지능 기술의 활용도가 높아짐에 따라, 인공지능에 별도의 정의를 하기보다는, 인공지능 기술이 활용되는 사례나 맥락을 통해 인공지능이 어떤 것인지 파악하는 것이 인공지능 기술이 실제로 어떤 것인지 이해하는 데 더욱 도움이 될 것이다.

인공지능의 학습

인공지능은 다양한 역할을 수행할 수 있다. 하지만 단순화하여 파악하면, 데이터를 기반으로 하여 주로 이를 분류하고 그 안에서 연관성이나 패턴을 파악하는 역할 등을 하는 것으로 이해할 수 있다. 데이터 분류나 패턴 인식pattern recognition 등이 정확하게 이루어지기 위해서는, 인공지능이 훈련training을 통해 기본적인 능력을 갖춘 뒤 온라인 학습online learning을 통해 정확도를 높이는 과정을 지속적으로 거쳐야 한다. 따라서 학습learning을 위한 알고리즘 구축과 이를 위해 필요한 빅데이터의 존재 및 이용 가능성이 중요한 관건이 된다. 학습 초기 단계에는 훈련 데이터training data의 존재가 중요하고, 이를 통해 기본적인 훈련이 이루어진 이후에는 온라인 학습으로 기능을 지속적으로 향상시키기 위해 추가적인 데이터 확보가 중요해진다.

인공지능의 학습(머신러닝) 과정은 통계적 프로세스를 통해 컴퓨터 스스로 데이터의 특징을 찾아내고 이를 위한 규칙을 마련하는 과정이다. 이 과정은 프로그래밍을 통해 통계적 추정 모델이나 파라미터 자체를 정해주는 기존의 소프트웨어 코딩 방식과는 근본적으로 다른 방식이 된다. 인공지능의 학습은 지도 학습supervised learning 방식을 통해 이루어질 수도 있고 비지도 학습unsupervised learning 방식을 통해 이루어질 수도 있다. 또, 강화 학습reinforcement learning 방식을 통할 수도 있다.

지도 학습은 프로그래머가 사전에 규칙을 정하고 라벨링을 하여 분류된 훈련 데이터를 활용하여 학습이 이루어지는 방식이다. 예를 들어, 수많은 고양이 사진에 모두 고양이라고 표시하여 인공지능이 고양이의 공통적인 특징을 파악하도록 하고 이를 통해 일정 수준의 학습이 이루어진 다음에는 고양이 사진만으로 다른 동물과 구분하여 고양이를 식별해내도록 하는 것이다. 이처럼 지도 학습은 많은 사례의 반복적 학습을 통해 연관성이나 규칙을 인식하게 하고, 이를 통해 통계적 예측이나 추정, 분류 등의 작업을 최대한 정확하게 수행하도록 하는 과정이 된다.

이와 달리 비지도 학습은 훈련 데이터를 별도의 라벨링 없이 그 자체로 제시하여 인공지능 스스로 특징이나 패턴 등을 파악하고 학습하게 하는 방식이다. 이를 통해 유형화, 그룹화, 영상이나 이미지 분류 등의 작업이 가능해진다. 비지도 학습은 최근 몇 년 사이에 특히 많은 발전을 한 학습 방법이다. 비지도 학습을 통해 인공지능이 스스로 패턴이나 규칙을 찾아내는 것이 가능해지면서 인공지능 기술의 현실적인 활용 가능성이 크게 증대되었다. 비지도 학습을 통해 개별 소비자

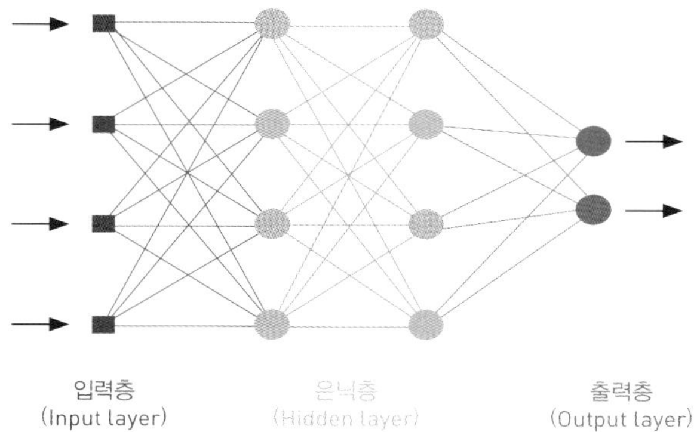

의 특성에 대한 심도 있는 분석과 정밀 맞춤형 서비스가 가능해질 수 있으며, 주식 시장에서 불법 내부자 거래를 적발하는 데 비지도 학습 기법이 응용될 수도 있다.

한편, 강화 학습은 알파고처럼 게임을 위한 인공지능 개발에 흔히 적용되는 학습 방법이다. 주기적인 보상 등을 통해 피드백을 제공하고 이를 통해 학습 내용의 수정과 개선을 유도하는 방법이다.

최근 들어 특히 많은 주목을 받고 있는 머신러닝의 알고리즘은 딥 러닝deep learning이다. 이는 생물학적 신경망의 작동 방식을 모방한 인공신경망artificial neural network, ANN을 구축하는 것에서 출발한 학습 방법이다. 인공신경망을 구축한 뒤 비지도 학습이나 강화 학습의 방법을 활용하여 인공지능이 스스로 데이터를 학습하도록 하는 방식이 활용된다. 이를 위해 흔히 몇 십 개에 이르는 다층적 레이어layer의 인공신경망이 구축되고, 과거에 비해 훨씬 더 복잡하고 추상적인 패턴이나 규칙을 인식하는 것이 가능해졌다. 딥러닝이 근래 몇 년 동안 특히 성과를 많이 낸 분야는 얼굴 인식을 포함한 이미지 인식image recognition 분야이다. 얼굴 인식 분야에서는 특히 사람의 인식 능력을 뛰어넘는 기술력을 확보한 기업들이 속속 나타나고 있다. 최근 딥러닝 기술이 더욱 발전하고 그 활용도가 늘어나면서 외국어 번역이나 스팸 메일 분류 등 다양한 영역에서 인공지능의 정확성이 크게 향상되었다.

데이터, 데이터, 데이터!

이렇게 딥러닝이 가능해지고 활용도가 높아진 중요한 배경으로 방대한 데이터, 즉 빅데이터의 존재를 언급하지 않을 수 없다. 인공지능이 훈련하고 학습할 수 있는 데이터 자체가 충분치 않으면 인공신경망을 통한 학습이 정교하게 작동할 수 없다. 따라서 개별 개발자나 기업 입장에서는 정교한 알고리즘을 어떻게 구축할 것인가 하는 문제와 충분한 데이터를 어떻게 확보할 것인가 하는 문제가 경쟁력의 핵심적인 원천이 된다.

이때, 데이터는 이미 축적된 훈련 데이터를 어떻게 확보할 것인가 또는 기존 데이터를 확보하여 어떻게 훈련용으로 수정할 것인가를 의미할 수도 있다. 하지만 중·장기적으로는 실제 이용자의 데이터를 계속 축적해나가는 것이 특히 중요하다. 처음 알고리즘 구축 단계에서는 훈련 데이터의 존재가 기본적인 관건일 수 있지만, 그 후에는 지속적인 데이터 업데이트를 통해서 인공지능 프로그램 자체가 변화할 수도 있고, 그러면서 인공지능의 분석과 판단 자체도 계속 변화할 수 있기 때문이다. 그런 점에서 유용한 데이터를 충분히 확보하기 위해 기업이나 조직이 사활을 걸고 매달리는 것은 경쟁력 확보를 위해 당연하고도 자연스러운 일이다.

인공지능과 법

인공지능 기술은 최근 비약적으로 발전하고 있으며 기업의 활용도 또한 크게 늘어나고 있다. 하지만 인공지능과 관련된 법적 이슈들은 아직 구체화된 것이 많지 않고, 실정법적 분쟁이 일어난 사례도 거의 없다. 인공지능과 관련된 법적 쟁점들은 매우 구체적인 민사적 책임에 관한 것부터 추상적인 법철학이나 법윤리학적 쟁점에 이르기까지 매우 폭넓게 나타날 수 있다. 현재는 이런 다양한 쟁점들에 관해 연구자 사이에서 일부 내용에 대한 연구와 주장이 산발적으로 나타나고 있는 단계이다. 물론, 인공지능 기술의 발전과 그에 따른 사회·경제적 변화 가능성을 고려하면, 향후 법적 쟁점들에 관한 논의는 급속도로 진행되고 발전될 가능성이 있다. 지금부터는 인공지능 도입과 관련된 시장 경쟁이라는 맥락에서 생각할 이슈들은 무엇인지, 인공지능과 관련하여 중요한 법적 쟁점으로 대두되고 있는 것은 무엇인지 살펴본다.

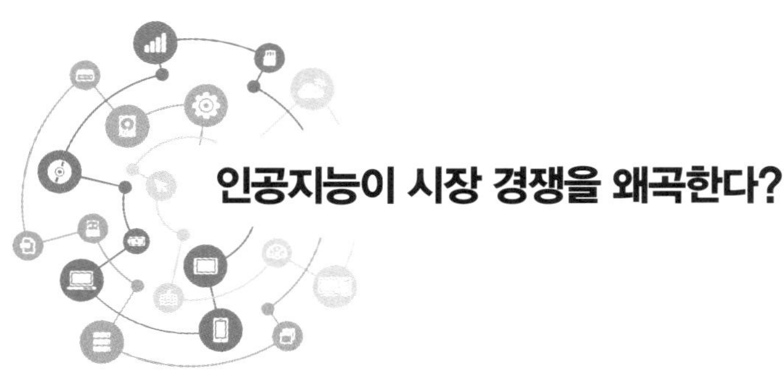

인공지능이 시장 경쟁을 왜곡한다?

시장 경쟁의 맥락에서 생각해보면, 인공지능 시장은 플랫폼platform 시장의 형태를 띠는 경우가 많은데, 이 시장은 네트워크 외부효과network externalities를 보일 때가 많다. 플랫폼이라는 표현이 상징하는 것과 같이, 플랫폼 제공자에게는 수요자와 공급자를 포함한 다양한 시장 참여자들이 머물고 거쳐 가는 물리적 또는 가상의 공간을 마련하고 이 공간이 지속적으로 확장되도록 하는 것이 중요하다. 그리고 네트워크 외부효과는, 해당 네트워크의 이용자가 늘어남에 따라 네트워크의 가치가 늘어남을 의미하는데, 이때 이용자 숫자가 늘어남에 따라 네트워크의 가치가 단순히 비례적으로 늘어나는 것이 아니라 가속적으로 늘어나는 상황을 말한다. 플랫폼과 네트워크 외부효과의 속성을 고려하면, 기업 입장에서는 시장을 선점하고 다수의 이용자를 확보하는 것이 경쟁력 확보를 위해서 결정적이다.

기업들은 이를 통해 새로운 시장을 창출하거나 기존 시장의 변화를 모색하게 되고 그 과정에서 주도권을 확보하기 위한 경쟁이 치열하게 벌어진다. 이런 맥락에서 보면, 인공지능 기술을 활용한 상품이 그 자체로 별개의 시장을 형성할 수도 있겠지만, 동시에 기존 플랫폼이 제공하는 서비스를 더욱 풍부하게 하는 보완적인 역할을 할 수도 있다. 따라서 인공지능이 기존 시장에서 알고리즘을 일부 개선하는 정도의 점진적인 역할을 하는 것으로 비쳐지더라도, 이것이 경쟁의 부재를 의미하는 것은 아니다. 오히려 소비자의 눈에 뜨이지 않는 단계에서 플랫폼 차원에서의 시장력을 둘러싸고 격렬한 경쟁이 이루어지고 있을 수도 있다.

주요 시장 참여 기업들이 개발자들에게 인공지능 API_{application programming interface}를 무료로 공개하는 등 익숙한 개발자층_{installed user base} 확보를 위해 노력하고, 이를 통해 자신의 기술이나 상품의 이용도가 높아지는 쏠림 현상이 나타나도록 적극 유도하는 것은, 이런 경쟁의 과정이라고 이해할 수 있다. 또 이런 경쟁 과정을 통해, 앞에서 설명한 이용자의 데이터를 확보하기 위한 경쟁이 동시에 이루어진다.

그런데 플랫폼 시장에서 인공지능의 활용도가 높아지는 것은 시장 경쟁의 메커니즘에도 영향을 미칠 수 있지만 이 과정에서 법적인 이슈도 야기될 수 있다. 그 배경에는, 인공지능 알고리즘의 일상적 활용 및 이를 통한 경쟁자 상호 간의 시장 상황에 대한 광범위한 모니터링이 있다. 예를 들어, 인터넷 상거래 기업이 소프트웨어 로봇을 개발하여 경쟁사 사이트를 한 시간 간격으로 방문하도록 한 뒤, 경쟁 제품의 가격을 확인하여 자동으로 가격을 정하는 메커니즘을 도입한다고 해 보자. 이 기업은 이 메커니즘을 통해 자신의 제품 가격이 경쟁사에서 제시하는 가격과 비교하여 경쟁력이 유지되도록 끊임없는 노력을 기울일 것이다. 이때 가격 모니터링 로봇 및 가격 조정 알고리즘을 이용하는 것은, 최소 가격을 보장하고 매칭해주는 것과 마찬가지의 효과를 불러올 수 있다. 전체 시장 차원의 문제는, 이런 경쟁자 사이의 지속적인 모니터링 및 가격 조정의 과정을 통해 역설적으로 가격의 변동 가능성 자체가 낮아지고 오히려 경직성이 초래될 수 있다는 점이다. 그리고 더 나아가 새로운 시장 참가자의 진입을 억제하고 시장의 경쟁이 저해되는 효과를 불러올 수도 있다. 인공지능 기술의 활용도 증가로 경쟁 사업자들이 서로를 더욱 손쉽게 모니터링하면서 이로 인해 '암묵적 담합tacit collusion'이 나타날 수도 있고, 구체적인 의사소통 없이도 서로 유사한 가격이나 품질 책정을 하는 '의식적 병행 행위conscious parallelism'가 나타날 수도 있는 것이다. 이에 따라 빅데이터 분석과 인공지능 활용이 보편화된 상황에서는 '최저가격 보장' 정책은 오히려 경쟁에 부정적인 효과를 미칠 수도 있다.

플랫폼 시장에서 나타날 수 있는 또 다른 문제는 가격차별의 문제이다. 인공지능 기술의 개발과 함께, 사업자들은 소비자의 행태에 대한 광범위한 모니터링을 하고, 이에 기초하여 개별 소비자의 선호 구조에 대한 분석을 한 후, 맞춤형 상품이나 맞춤형 서비스를 제공하기 위한 지속적인 노력을 기울일 수 있다. 이와 함께, 제시되는 가격 자체도 개별 소비자의 선호도나 지불 능력을 포함한 다양한 요소를 고려하여 결정된 '맞춤형' 가격이 될 수 있다. 그런데 이 맞춤형 가격은 경제 이론적으로는 완벽한 가격차별price discrimination을 가져올 수 있다.

　가격차별은 경제학적으로는 그 자체로 불합리하거나 그릇된 것은 아니다. 가격차별을 통해 사회적 낭비가 감소될 수 있으므로 오히려 사회적으로는 도움이 될 수도 있다. 예를 들어 제조 원가를 고려하여 일반적으로 적정한 수준의 시장 가격이 1만 원인 상품이 있을 때, 일반 소비자들에게는 1만 원을 받고 판매하는 한편, 구매력에 여유가 없는 소수의 소비자를 별도로 파악하여 이들에게는 9천 원에 판매할 수 있다면, 이는 시장의 외연을 확장시키는 동시에 경제력 문제로 구매를 하지 못하던 소비자층에게까지 소비를 가능하게 해줄 것이다. 이와 같이 소비자의 특성을 세밀하게 파악하는 과정을 통해 궁극적으로는 모든 개별 소비자들에게 각기 다른 가격이 책정될 수도 있다. 이런 가격차별은 개념적으로는 자원의 배분allocation을 더욱 효율적으로 만들어준다. 다만 동시에 부의 분배distribution 면에서, 소비자의 몫이라 할 수 있는 '소비자 잉여consumer surplus'는 지속적으로 줄어드는 한편, 기업의 몫인 '생산자 잉여producer surplus'는 전반적으로 증대되는 양상의 문제가 발생할 여지가 있다는 점에서 문제가 될 수 있다. 즉, 빅데이터 인공지능의 활용도 증가와 함께, 시장이 전반적으로 더욱 효율적이고 원활하게 작동되는 한편, 이 과정에서 창출되는 부wealth는 주로 플랫폼 기업의 몫이 될 가능성이 있는 것이다. 이런 이론적인 가능성이 실제로 시장에서 나타나는지 그리고 그에 관해 어떤 정책적인 대응책을 마련할 것인지는 향후 지속적으로 논의가 필요한 중요한 이슈이다.

인공지능에 의한 차별 가능성

인공지능 알고리즘은 사회에 존재하는 차별적 선입견을 더욱 강화시키는 결과를 가져올 수 있다. 알고리즘 구성이나 초기 훈련 데이터에 편향이나 편견이 반영되어 있으면, 그 결과로 인공지능의 판단에도 편향이나 편견이 그대로 나타날 수 있고, 경우에 따라서는 편향이나 편견이 더욱 증폭되어 나타날 수도 있다.

2016년에 개최된 한 미인 선발 대회의 예를 통해 생각해보자[1]. 이 대회의 주최 측은 인공지능 알고리즘을 사용하여 객관적으로 미인의 얼굴을 평가하고자 했다. 얼굴 모양이 대칭적인지, 주름이 얼마나 있는지 등을 포함한 다양한 요소가 고려 대상이었다. 이 대회에는 100여 개의 다양한 나라에서 6천 명이 사진을 보내 참가 신청을 했다. 그런데 알고리즘을 통한 평가 결과는 주최 측조차 놀랄 내용이었다. 44명의 수상자 중 몇 명의 동양인이 포함된 것 이외에는 수상자 대부분이 백인이었으며, 기타 유색 인종은 단 한 명만 포함되어 있던 것이다. 이런 결과가 나타난 가장 커다란 원인은 해당 인공지능의 학습을 위해 이용된 훈련 데이터에 백인의 사진이 지나치게 많이 포함되었던 반면, 유색 인종의 사진은 충분히 포함되지 않았던 데 있었다. 즉, 훈련 데이터에 편향이 있었던 것이 대회의 실제 결과에 고스란히 반영된 것이다.

이와 유사하게 여성의 고용률이 낮게 나타나거나 무슨 이유에서인지 여성의 업무 성과 지표가 좋지 않게 나타나는 훈련 데이터를 이용

미인 선발 대회 '18~29세 그룹' 수상자들

Lu Sophia

Age: 18
Real age prediction: 13
Perceived age prediction: 15
AntiAgeist score: 2
PIMPL score: 1,3
RYNKL score: 1
MADIS score: 97
Symmetry Master score: 5,2

Margeri Ottis

Age: 27
Real age prediction: 23
Perceived age prediction: 23
AntiAgeist Score: 7
PIMPL score: 1,2
RYNKL score: 3
MADIS score: 96
Symmetry Master score: 3,1

Kerri Kinney

Age: 26
Real age prediction: 18
Perceived age prediction: 16
AntiAgeist score: 9,5
PIMPL score: 1,2
RYNKL score: 5
MADIS score: 96
Symmetry Master Score: 14,0

Margarita Shestakova

Age: 25
Real age prediction: 18
Perceived age prediction: 20
AntiAgeist score: 6,5
PIMPL score: 1,1
RYNKL score: 2
MADIS score: 96
Symmetry Master score: 1,3

Evgeniya Miruk

Age: 29
Real age prediction: 23
Perceived age prediction: 23
AntiAgeist score: 9
PIMPL score: 1,2
RYNKL score: 3
MADIS score: 97
Symmetry Master score: 5,2

출처: Sam Levin. "A beauty contest was judged by AI and the robots didn't like dark skin". The Guardian (2016. 9. 8).

하여 훈련된 취업 관련 인공지능 알고리즘이 있다면 이런 알고리즘은 결과로서 여성 고용을 가급적 추천하지 않을 가능성이 있다. 예를 들어 지난 30년간 국내 대기업의 여성 고용 및 승진 데이터를 훈련 데이터로 학습한 인공지능은 대기업에서 여성의 승진 비율이 높지 않은 것을 업무 성과가 좋지 않은 것으로 파악하고 가급적 여성의 고용을 권하지 않는 왜곡된 추천을 할 수 있는 것이다.

이런 왜곡은 여러 가지 맥락에서 다양한 형태로 나타날 수 있다. 문제는 왜곡 현상이 나타날 때 이를 제대로 파악하기가 어려울 수도 있을뿐더러, 이를 어떻게 보정할 것인지 구체적인 기준을 정하기는 더욱 어려울 수 있다는 것이다. 앞에서 예로 든 여성 고용에 관한 알고리즘에 왜곡이 있다는 것 자체에는 대부분 동의하겠지만 그렇다고 알고리즘을 어떻게 수정할 것인지 또는 훈련 데이터를 어떻게 수정할 것인지는 사회적 합의를 이끌어내기가 매우 어려울 수 있다.

이상의 논의에서 더 나아가, 통계적 차별과 평등 문제를 좀 더 깊이 있게 생각하기 시작하면, 차별이나 평등을 정의하고 개념화하는 것 자체가 사실은 매우 복잡하다는 것을 알 수 있다. 통계학적으로 생각할 때, 평등은 넓게 두 가지 유형의 개념으로 생각할 수 있다. 첫째는, 유사한 속성attribute을 보이는 사람들을 유사하게 취급하고, 다른 속성을 지닌 사람들은 다르게 취급하는 것이다. 두 번째 개념은, 속성이 다르게 나타나더라도 일정 유형의 정보는 무시하고, 부분적으로 서로 다른 통계학적 속성을 보이는 개인들을 동일한 그룹에 속하는 것처럼 취급하는 것이다.

예를 들어 생각해보자. 특정 아파트 단지 거주자들의 신용카드 연체율이 다른 지역 거주자들에 비해 통계적으로 현저하게 낮은 것으로 빅데이터 분석 결과 확인되었다고 하자. 이 경우에 통계적 분석 결과에 기초하여 이 아파트 거주자들에게 신용카드 발급을 더 용이하게 하거나 더 좋은 조건으로 발급될 수 있도록 한다면 이를 정당하지 않은 차별적 편의 제공이라 할 수 있을까? 반대로, 특정 아파트 단지 거주자들의 신용카드 연체율이 두드러지게 높은 것으로 통계적으로 파악되었을 때 해당 아파트 거주자들에게 신용카드 발급을 더 어렵게 한다면 이를 부당한 차별인 것일까?

또 다른 예를 들어보자. 인터넷을 통해 여행지의 호텔을 검색하는 상황에서, IP 주소 등을 통해 파악할 수 있는 검색자 위치에 따라 검색 결과나 추천 순위가 달라진다면 이를 차별이라 볼 것인지의 문제도 있다. 좀 더 구체적으로, 고급 아파트 단지에서 검색이 이루어졌다면 고급 호텔을 상위에 추천하고, 반대로 서민 거주 지역에서 검색이 이루어졌다면 저렴한 호텔을 상위에 추천하는 알고리즘이 구성되어 있다면, 이를 차별이라 할 수 있을까? 동일한 호텔에 대한 숙박료 자체가 검색자의 소재지에 따라 달라진다면 논란의 가능성은 좀 더 커질 것이다. 한편 호텔별 숙박료에는 변함이 없고 단지 검색자의 소재지에 따라 추천 순위만 달라진다면 이를 차별이라 볼 것인지 그 여부는 판단하기가 더 어렵다. 이와 같은 알고리즘을 차별의 한 형태라고 간단히 평가할 수도 있지만, 반대로 초보적인 맞춤형 검색의 한 형태로 소비자에게 도움이 된다고 볼 수도 있는 것이다.

인공지능 빅데이터 분석에서 차별 문제는 다양한 맥락에서 제기될 수 있다. 또 다른 예로, 은행이 직장인의 신용도를 파악하여 대출 상품의 주요 조건을 결정하는 알고리즘을 구성하는 상황을 생각해보자. 은행 입장에서는 정해진 약정에 따라 제때 상환할 가능성을 최대한 정확하게 파악하여 대출 의사 결정 및 대출 조건을 정하고자 할 것이다. 다만, 잠재적인 대출자에 대해 완벽한 정보 파악이 불가능하기 때문에 신용도나 상환 가능성을 판단하는 데 도움이 될 만한 대체지표proxy로 쓰일 수 있는 다양한 정보를 파악하여 활용하고자 할 것이다. 이런 정보에는 성별이나 교육 수준이 포함될 수도 있다. 이때 성별이나 교육 수준을 고려하는 것은 은행 입장에서는 신용도 및 상환 가능성 평가를 위한 상업적인 목적에 따른 것이지 그 자체로 차별을 의도하고 있지는 않을 것이다. 그럼에도 사회적으로는 논란이 발생할 수 있다. 성별이나 교육 수준에 따라 사회적으로 용인되기 힘든 차별이 발생한다고 주장할 수 있기 때문이다.

이와 같은 상황에서 생각해볼 수 있는 정책 방향은 크게 두 가지가 있다. 첫 번째는 사회적으로 민감하거나 그 이용이 부적절한 변수를 특정하여, 그런 변수는 알고리즘에서 고려되지 않도록 원천적으로 제거하는 것이다. 이런 방식은 흔히 일괄적인 규제를 전제로 한다. 규제를 통해 일정한 정보의 활용을 금지하는 것은, 사회적으로 유용할 수도 있는 정보 활용을 원천적으로 차단한다는 점에서 자원의 낭비를 가져올 수 있으며, 데이터 중심 경제로 이행하는 시대적 흐름에 역행하는 결과가 나타날 수도 있다. 그럼에도 사회적으로 특히 중요하거나 민감한 것으로 인식되는 변수에 대해서는, 그 활용으로 인해 나타나는 부작용을 고려하여 이용에 제한을 둘 수도 있다. 다만 제한을 두고 규제를 할 것인지를 결정하는 과정에서 그 필요성에 대해 충분한 분석과 사회적 공론화를 거치는 것이 필요할 것이다.

또 다른 정책적 방향은 이미 파악된 몇몇 대리변수$_{proxy}$를 포함하여 더욱 다양한 변수가 알고리즘에 고려되도록 하여, 분석 모델이 더욱 정확하고 치밀해지도록 유도하는 것이다. 이를 통해 왜곡 가능성이 높은 변수들의 비중이 자연스럽게 점차 줄어들게 하고 알고리즘이 통계적으로 매우 엄밀하고 정확한 것이 될 수 있도록 환경을 조성하는 것이다. 통계적으로 유의한 변수는 그 설명력에 부합되는 수준으로 정확하게 알고리즘에 반영하고, 유의하지 않는 변수는 알고리즘에서 삭제되도록 유도한다. 앞서 살펴본 은행 대출의 사례를 생각해보면, 더 고도화된 빅데이터 알고리즘 분석 결과, 성별이나 교육 수준을 주요 기준에 포함하여 단순하게 판단하는 것이 오히려 신용도 파악에 오류나 왜곡을 가져오는 것임이 규명될 수도 있다. 더 엄밀한 분석 결과, 예를 들어, 성별이 그 자체로는 통계적으로 유의한 설명변수가 되지 못하지만, 성별을 포함한 20여 개의 추가적인 변수를 함께 분석하면 일정한 경우에는 긍정적인 영향을 미치고 또 다른 일정한 경우에는 부정적인 영향을 미치는 것으로 파악되는, 더욱 치밀하고 복잡한 모델이 개발될 수도 있는 것이다.

이와 같이 알고리즘의 고도화를 유도하는 정책 방향은 바람직할 수도 있고 그렇지 않을 수도 있다. 일반적으로는 알고리즘이 구축되어 활용되는 시장에서 충분한 경쟁이 이루어지고 있고 정보 비대칭으로 인한 문제가 없는 상황이라면, 알고리즘의 고도화를 유도하는 것은 좀 더 쉽게 정당화될 수 있는 정책적 방향이다. 설사 초기 단계에는 시장에 왜곡이 나타나더라도 시장의 압력과 경쟁을 통해 왜곡이 시정될 가능성이 높기 때문이다. 한편 시장에서의 왜곡 가능성이 지속적으로 남아 있는 상황에서는 이런 정책 방향이 시장의 왜곡을 더욱 증폭시킬 가능성이 있다.

그런데 두 가지의 정책적 방향이 반드시 서로 배타적인 것은 아니다. 오히려 절충형 또는 혼합형 정책이 좀 더 현실적일 수 있다. 즉, 몇 가지 중요하고 민감한 변수는 사회적인 논의와 공감대 형성 과정을 거쳐서 알고리즘에서 아예 배제되도록 하고, 그 이외의 변수는 자유롭게 모델 구축을 하도록 허용할 수도 있다. 물론 이때 중요한 것은 충분한 사회적인 논의와 공감대 형성 과정을 거쳐야 한다는 것이다. 정책 자체가 불분명하거나 어떤 구체적인 변수를 알고리즘에서 배제하도록 할 것인지 논의가 충분히 이루어지지 않을 경우, 정책의 방향성에 불확실성이 높아지고 커다란 혼란이 야기될 것이다.

이상의 논의와 별도로, 빅데이터 인공지능의 맥락에서는 차별 문제의 파악과 분석에 추가적인 어려움이 있다. 인공지능 알고리즘의 기본적인 속성 및 빅데이터 분석의 동태적dynamic 성격을 고려하면, 인공지능을 통한 분석과 판단은 매번 약간씩 달리 나타날 수 있으며, 제3자에 의한 검증에 어려움이 있기 때문이다. 매번 판단이 달라질 수 있고 판단의 근거를 명시하기 어려울 수도 있다는 점 때문에 소비자에 대

한 차별적 판단이 차별적 의도가 있어 정당화되기 어려운 것인지, 또
는 정당하고 합리적인 이유를 배경으로 한 것인지 파악하기 어려울
수 있다는 것이다.

빅데이터 알고리즘에 기초한 의사 결정은 주로 정보를 유형화하여 그 특징을 파악하는 것에서 출발한다. 여기서부터 데이터에 대한 분류classification가 이루어지기도 하고, 우선순위를 부여하는prioritizing 작업이 이루어지기도 한다. 유사하거나 관련성 있는 데이터에 대해 파악association하기도 하고, 일부 유형의 정보를 추려내는 작업filtering이 진행되기도 한다.

알고리즘을 통한 의사 결정은 일정 수준의 불투명성이 전제될 수밖에 없다. 흔히 기업들이 매우 빈번하게 알고리즘을 수정하기 때문에 알고리즘을 공개하는 것이 현실적이지 않은 면도 있고, 그보다 더 근본적으로는 만일 알고리즘이 공개되면 그 내용을 이용하여 자신에게 유리한 결과를 얻으려는 목적을 반영한 다양한 시도(abusing 또는 gaming)가 발생하고 이로 인한 왜곡이 더욱 증폭될 가능성이 높기 때문이다. 예를 들면, 인터넷 검색의 맥락에서 자동 완성 검색어나 연관 검색어가 작동되는 구체적인 알고리즘이 공개된다면, 여기서 자동 완성 검색어나 연관 검색어로 자신이 원하는 검색어가 나타나게 하기 위한 다양한 시도, 또는 경우에 따라 반대로 자신과 관련된 검색어가 나타나지 않도록 하기 위한 다양한 시도가 이루어질 것이다. 그러면 인터넷 검색의 작동 메커니즘 및 검색 결과에 상당한 왜곡이 나타날 가능성이 높다.

그런데 최근 들어 알고리즘의 불투명성에 문제 제기를 하는 시각이 나타나고 있다. 알고리즘의 투명성을 높이는 것에 어느 정도 한계가 있겠지만, 그럼에도 현재와 같이 불투명성을 용인하는 것은 문제라는 비판적 시각이 대두되고 있는 것이다. 이 맥락의 주장은 아직 명확하게 논의의 흐름이 정리된 것은 아니지만 지금까지는 대략 세 가지 유형으로 파악된다. 첫째는 알고리즘 메커니즘에 대해 일정 수준의 투명성transparency을 요구하는 것이고, 둘째는 알고리즘에 일정 수준의 책임algorithmic accountability을 부담하도록 요구하는 것이다. 셋째는 '정보 수탁자'information fiduciaries 개념을 도입하여 이에 속하는 기업이나 개인에 대해 일종의 신의칙fiduciary duty에 기초한 의무를 부여하는 것이다. 이런 요구는 실정법에 반영될 수도 있는 성질의 것도 있고, 나아가 실정법 차원을 넘어 좀 더 넓은 의미의 사회 규범이나 자율 규제 등의 형태를 암묵적으로 전제하는 것도 있다.

이와 같은 정책적 주장 중에서 투명성 확보에 대한 요구는, 앞서 본 것처럼 남용abusing/gaming에 대한 우려로 현실화하는 데 한계가 있다. 또

투명성과 관련된 검증 가능성verifiability 확보에도 한계가 있을 수밖에 없다는 현실적인 문제를 안고 있다. 또한 무작위성randomness이 요구되는 상황도 있기 때문에 그로 인해 투명성을 충분히 확보하는 것이 어려울 수도 있다. 예를 들어, 세무 조사 대상 기업을 정하는 것과 관련하여, 순수한 세수 확보 이외의 목적이 있지는 않은지 의혹이 제기되고, 그런 의혹을 불식하기 위해 공개적인 규칙rule을 정하고 그 규칙에 따라 세무 조사 대상 기업을 정할 수도 있을 것이다. 그런데, 일단 규칙을 정하고 나면 예측 가능성은 높아질 수도 있으나 그만큼 해당 규칙을 악용하여 조세 회피를 하는 기업도 크게 늘어날 가능성이 있다.

둘째, 알고리즘의 책임성algorithmic accountability 개념은 법적 책임이나 손해 배상 등을 당연히 전제하는 것이 아니다. 그보다는 좀 더 추상적인 차원에서 기술적, 법적, 제도적 문제 해결 방식이 상호 보완적으로 작동하는 상황을 암묵적으로 상정한다. 책임성 확보를 위해 흔히 제시되는 원칙으로는 설명 가능성explainability, 정확성accuracy, 검증 가능성auditability, 공정성fairness 등을 들 수 있다. 이런 개별 개념 하나하나는 사실 구체화하기에 쉽지 않은 개념일뿐더러 책임성 확보를 위한 시스템 구축을 위해서는 '신뢰받을 수 있는 제3자'trusted third party의 존재가 전제되어야 가능하기 때문에, 아직은 이론적 논의 단계에 머물고 있다고 보는 것이 좀 더 현실적일 것이다.

셋째, 정보 수탁자의 개념은, 소비자나 이용자 정보를 취급하는 기업들을 일종의 수탁자로 보고 법적 책임을 부담하도록 법 제도를 정비할 필요가 있다는 주장을 배경으로 한다. 물론 이 경우에도 정보 수탁자는 데이터에 관한 것이라, 기존 법 체계에서 요구되는 수탁자의 책임과 동일한 책임을 그대로 부과할 수는 없다. 한편, 법적으로 수탁자라고 보기 어려운 상황에서 제3자나 사회에 영향을 미치는, 소위 '외부효과'externalities가 나타나는 경우도 가능하다. 따라서 향후 수탁자 개념을 도입하더라도 수탁자의 범위나 수탁자에게 요구되는 법적 책임의 내용 등에 대해 다양한 추가적 논의가 필요할 것이다.

다양한 과제의 쟁점

앞에서 본 것과 같이, 인공지능 기술의 발전은 다양한 사회적, 경제적, 법적 과제와 쟁점을 제기한다. 인공지능 기술은 빠른 속도로 발전하고 있지만 그에 따라 등장한 다양한 과제와 쟁점을 어떻게 풀어갈지에 관한 사회적 해결책 모색과 합의가 이루어지지 않으면 기술의 현실적인 활용에 커다란 한계가 있을 수밖에 없다. 또 설사 활용이 이루어지더라도 사회적인 부작용이나 왜곡이 크게 나타날 수밖에 없다. 이런 문제들은 기술이 발전하면서 부분적으로 해결이 될 수도 있지만, 좀 더 일반적으로는 기술 전문가와 법률가, 정책 담당자 등을 포함한 다양한 전문가들이 협력하여 합리적인 해결책을 모색할 필요가 있다.

2장

빅데이터,
경쟁과 소비자 보호의
갈림길에서

홍대식
서강대학교 법학전문대학원 교수

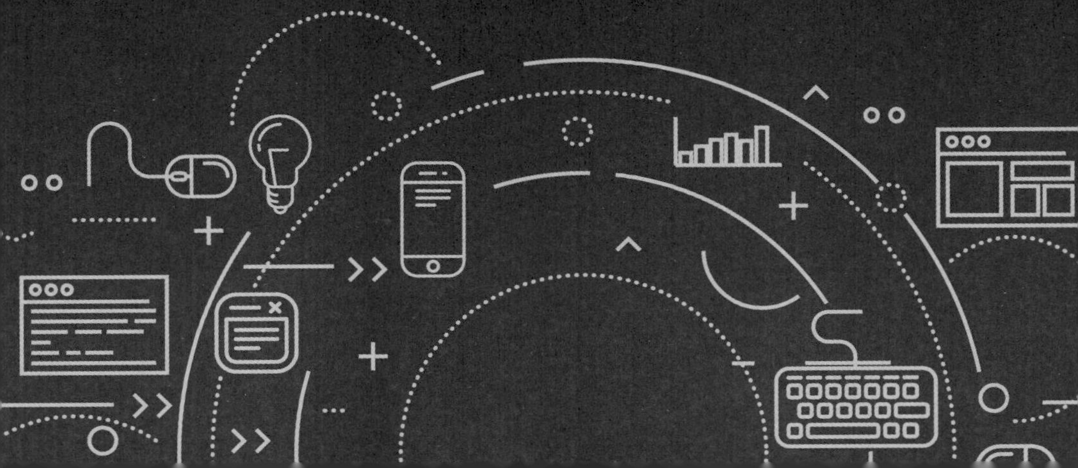

페이스북, 경쟁법의 도전을 받다

2016년 3월 초, 외신에서는 독일 경쟁 당국이 페이스북Facebook에 대하여 사회관계망(소셜 네트워크) 서비스 분야에서 차지하는 시장 지배적 지위를 남용하여 경쟁법을 위반했다는 혐의로 조사에 착수했다는 뉴스를 전했다. 페이스북이 사람들의 디지털 정보를 수집하는 자신의 지위를 함부로 사용했다는 것이 혐의의 내용이다.

페이스북은 수집한 정보를 이용한 광고 수입으로 돈을 버는 회사이다. 이 회사는 게시판에 글을 올리는 회원에게 다양한 공유 기능을 제공하는데, 회원이 공유하기를 선택한 정보는 그 회원이 어떤 성향이고 어떤 관심사를 갖고 있는지 헤아려볼 수 있는 중요한 단서가 된다. 자신이 파는 상품에 관심을 가질 만한 소비자나 관심을 끌고 싶은 소비자를 절실히 찾는 판매자 입장에서는 정말 탐나는 정보이다. 페이스북은 회원이 공유 기능을 사용하여 제공한 정보를 바탕으로 회원의 성향과 관심사를 분석하여 생성한 빅데이터를 축적하고 있다가 판매자인 광고주가 광고 대상으로 일정 범위의 정보를 선택하여 요청하면 이를 제공해주고 그 대가를 받고 있다.

개인정보를 영업의 기반으로 하고 있다는 점에서 이런 사업 모델은 개인정보보호법의 규제 대상이 될 수 있다. 다만 페이스북의 데이터 정책에 따르면, 페이스북은 개인을 식별할 수 없는 수준의 정보만 광고주와 공유한다고 한다. 아마도 개인정보보호법의 규제를 준수하거나 회피하기 위한 전략일 것이다. 그러면 개인정보보호법 쟁점에서 한 발짝 비껴났을 수도 있는데, 독일 경쟁 당국은 왜 경쟁법을 들고 나온 것일까?

유럽연합 회원국인 독일은 유럽에서 가장 먼저 경쟁법이라고 부르는 법률을 만든 나라이다. 1957년 처음 제정되었으니 약 60년 정도가 지났다. 독일 이전에 이와 유사한 법률을 갖고 있던 나라는 미국뿐이었다. 미국에서는 1890년부터 반트러스트법이라고 부르는 일련의 법률을 만들어 이미 하나의 법체계를 갖추고 있었다. 경쟁법 또는 반트러스트법이라 부르는 이 법률은 우리나라에서는 '독점 규제 및 공정거래에 관한 법률' 또는 공정거래법이라는 형태로 1980년대 말에 들어왔다.

경쟁법은 경쟁을 제한하는 사업자의 행위로부터 경쟁을 보호하기 위한 법이다. 경쟁법 집행의 주체는 나라마다 다른데, 독일은 연방카르텔청이라 부르는 정부 기관이 담당한다. 하는 일이 똑같지는 않지만 대체로 이 기관의 역할은 우리나라 공정거래위원회와 비슷하다.

누가 경쟁법을 집행하든 간에 효과적인 집행을 위해 먼저 해결해야 할 문제는 사업자의 어떤 행위가 경쟁을 제한하는 행위인지를 분별하는 것이다. 독일 연방카르텔청이 페이스북의 행위에 대한 경쟁법 적용을 검토하고 있다는 소식은 페이스북의 사업 방식이나 사업 형태가 경쟁을 제한하고 있다고 보거나 이를 의심할 만한 근거가 되는 그럴듯한 설명이 가능한 상황을 포착했다는 뜻으로 읽을 수 있다. 물론 그럴듯한 설명이 가능하다는 것과 실제 그런 일이 있다고 증명하는 것은 다른 문제이기는 하다. 그렇다면 어떤 일이 일어나고 있는지 좀 더 자세히 들여다보기로 하자.

독일 경쟁 당국이 문제 삼은 것은 페이스북의 데이터 정책이다. 페이스북이 제공하는 서비스를 이용하기 위해서는 회원 가입을 하면서 페이스북이 제시하는 이용 약관에 동의해야 한다. 그런데 약관에 따른 거래를 할 때는 으레 그렇듯이 글자도 작고 그 내용도 너무 많다. 페이스북이 나름대로 이용자가 그 내용을 읽어보고 동의 여부를 판단할 수 있도록 기회를 준다고는 하지만, 필자를 포함해서 실제로 이를 꼼꼼히 살펴보고 가입하는 사람은 드물 것이다. 그럼에도 '동의'라는 단추를 눌러 회원으로 가입한 이상 이 이용 약관은 나와 페이스북 사이에 이루어진 계약 내용이 된다.

페이스북이 제공하는 사회관계망 서비스는 그 자체로 개인 이용자에게 대가를 요구하지 않으므로 대개는 이용 약관에도 이용자에게 특별히 불리한 내용은 없을 것이라 추측한다. 그런데 독일 경쟁 당국은 이용 약관에 포함된 데이터 정책에 주목했다. 페이스북은 데이터 정책에서 회원의 활동과 회원이 제공한 정보, 그 회원과 관련된 다른 사람의 활동과 다른 사람이 제공한 정보, 네트워크 및 연결 정보 등실로 다양한 정보를 수집한다고 밝히고 있다. 예를 들어 내가 페이스북 서비스를 이용하면서 사진을 업로드하면 그 사진 촬영 장소나 파일 생성 날짜처럼 내가 제공한 콘텐츠 또는 콘텐츠에 포함된 정보가 수집될 수 있다. 페이스북은 이렇게 보유한 정보를 회원에게 관련 광고를 표시하고 광고 및 서비스 효과와 도달 범위를 측정하기 위해 광고와 측정 시스템을 개선하는 용도로 활용한다. 독일 경쟁 당국은 이처럼 페이스북이 수집한 개인정보를 이용하기 위하여 설정한 거래 조건이 이용자에게 '불공정'한 제약을 가하고 있다고 의심하고 있다.

페이스북이 유럽에서 경쟁 당국과 상대한 것이 이번이 처음은 아니다. 페이스북은 2014년 2월 메시징 서비스를 제공하는 왓츠앱WhatsApp을 인수하는 계약을 체결했다. 이 정도 규모의 기업 간 결합은 유럽 경쟁 당국의 심사 대상이 되므로, 경쟁 당국은 다른 기업 결합 때와 마찬가지로 이 결합을 검토했다. 그러나 이때는 시장에서 일어나는 다

양한 기업 결합에 적용하는 분석 틀을 그대로 적용했을 뿐, 개인정보
와 관련된 쟁점에는 별로 관심을 기울이지 않았었다.

빅데이터를 활용한 영리한 돈벌이

페이스북과 같은 온라인 플랫폼 제공 사업자의 사업 모델은 양면 시장형 사업 모델의 형태를 취하는 경우가 많다.

이는 서로 다른 유형의 이용자 그룹이 상호 작용할 수 있는 가상의 공간을 인터넷에 열어두고서 더 많은 이용자가 그 공간을 방문하여 활동하도록 매개하고 촉진하는 서비스를 제공하여 수익을 추구하는 사업 아이디어이다. 까다롭고 변덕스러운 인터넷 이용자들을 끌어들이려면 이용자가 그 공간에 더욱 자주 방문할 뿐만 아니라 오래 머물만하다고 느낄 수 있는 가치를 지속적으로 제공해야 한다. 그런 점에서 페이스북은 사회관계망 서비스 분야에서 매우 성공적인 플랫폼 사업자이다.

최근 통계에 따르면, 2017년 2월 기준 페이스북의 월간 실제 이용자 (Monthly Active User, 월간 1회 이상 앱을 사용한 이용자) 수는 18억 6천만 명이고, 2016년 9월 기준 일간 실제 이용자(Daily Active User, 일간 1회 이상 앱을 사용한 이용자) 수는 1억 3천만 명이다. 엄청나게 많은 이용자들이 시시각각으로 엄청난 정보를 페이스북에 제공하고 있는 것이다. 60초마다 510,000개의 코멘트가 게시되고 293,000개의 상태가 업데이트되며, 136,000개의 사진이 업로드된다. 이런 방식으로 축적되어 페이스북 내부에 저장하고 있는 데이터만 해도 300페타바이트PB 수준이라고 한다. 페타바이트는 1,000테라바이트TB이다.

사회관계망 서비스와 같은 인터넷 서비스가 거둔 성공 요인을 네트워크 효과network effect라는 용어로 많이 설명한다.

네트워크 효과는 어떤 상품 또는 서비스에 대한 이용자가 몰릴수록 이용자가 계속 늘어나는 상황을 설명하기 위한 용어이다. 네트워

페이스북의 실제 이용자 수 통계 도표(2017. 2.)

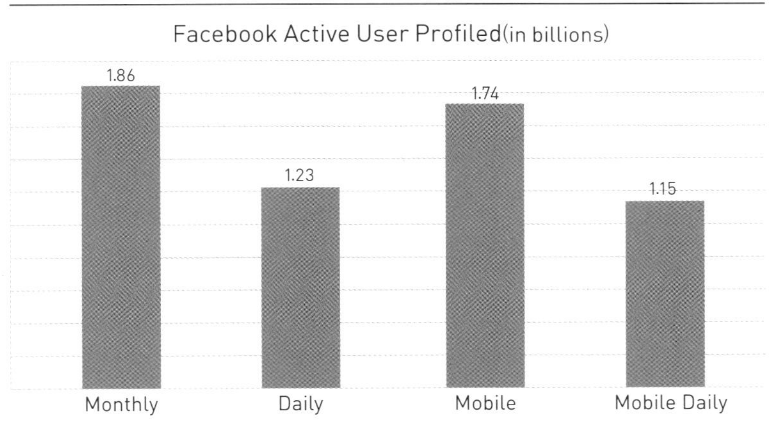

출처: http://colorwhistle.com/facebook-usage-and-advertising-statistics-2017/

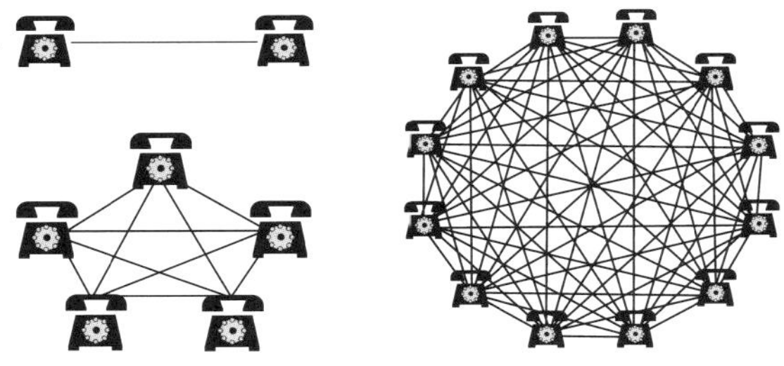

크 효과가 작용하는 상품이나 서비스는 그 자체의 품질보다도 얼마나 많은 사람들이 이를 사용하고 있는지가 더 중요하다.

네트워크 효과는 직접적 네트워크 효과와 간접적 네트워크 효과로 나뉜다. 직접적 네트워크 효과는 네트워크에 참여하는 이용자가 같은 유형일 경우로, 전화 서비스가 대표적이다. 전화 서비스에서 네트워크에 참여하는 이용자는 서로 통화를 원하는 동질적인 그룹이기 때문이다. 간접적인 네트워크 효과는 네트워크에 참여하는 이용자가 서로 다른 유형인 경우로, 유료방송 서비스가 대표적이다. 유료방송 서비스는 한쪽에 방송 프로그램을 시청하고자 하는 시청자가 있고 다른 쪽에 이들이 방송 프로그램을 시청해주기를 바라는 콘텐츠 제공자가 있다. 이들은 서로 동질적이지 않은 그룹이다. 사회관계망 서비스는 이를 통해 형성되는 네트워크에 서로 정보를 공유하기 원하는 동질적인 이용자도 참여하고 이들에게 맞춤형 광고를 제공하기 원하는 광고주도 참여하기 때문에, 직접적인 네트워크 효과와 간접적인 네트워크가 모두 발생할 수 있다.

네트워크 효과는 성공한 사업자 입장에서는 긍정적인 요인이지만, 일단 이런 효과를 누리는 선발 사업자가 존재하는 시장에 새로 진입하여 지경을 넓히려는 후발 사업자 입장에서는 넘기 어려운 벽이 될 수도 있다. 네트워크 효과가 성공 비결인 서비스에 꼭 필요한 이용자 그룹을 선발 사업자가 이미 확보하고 가두어놓았기 때문에, 접근하기 어려운 상황이 생길 수 있기 때문이다. 이런 상황에서 네트워크 효과는 제3자에게 불리한 영향을 미친다는 의미로 네트워크 외부효과라고 부른다.

그러나 페이스북의 성공 스토리는 네트워크 외부효과만으로 설명되지 않는다. 사회관계망 서비스는 페이스북 이전에도 많이 있었고 페이스북은 이들과의 경쟁을 통하여 시장에 확고하게 자리를 잡았기 때문이다. 미국에서 이런 서비스로 처음 두각을 나타낸 것은 2002년 3월에 개시된 프렌드스터Friendster 였지만, 이 서비스는 2003년 8월에 개시된 마이스페이스MySpace 에 그 자리를 내주었다. 뒤이어 2004년 2월에 개시된 페이스북이 시장의 승자가 되었다. 이론적으로는 프렌드스터나 마이스페이스가 네트워크 효과에서 비롯되는 선점 효과 또는 잠금 효과를 누릴 수 있었음에도, 이용자는 프렌드스터에서 마이스페이스로, 다시 마이스페이스에서 페이스북으로 이동했다.

이런 이동이 가능했던 요인으로는 서비스 운영 정책의 차이를 꼽는다. 사회관계망 서비스에 워낙 다양한 사람들이 모이다 보니, 이용자 중에는 가짜 신분으로 다른 이용자를 불쾌하게 하거나 나쁜 행동을 일삼는 이용자도 생길 수 있다. 이에 대해 프렌드스터가 가장 엄격

출처: http://www.speeli.com/articles/view/Why-did-Facebook-succeed-where-MySpace-and-Friendsterdid-not%3F

한 태도를 취했다면, 마이스페이스는 조금 더 개방적인 태도를 취하여 프렌드스터에 실망한 이용자들을 끌어들일 수 있었다. 그러나 마이스페이스의 정책이 여러 가지 문제를 일으키면서 사람들이 신뢰할 수 있는 서비스를 필요로 하던 찰나에 페이스북이 등장하여 빠르게 성장할 수 있었다는 분석이다. 이는 사회관계망 서비스를 여럿 경험해본 사람이라면 어느 정도 수긍이 가는 분석이다. 필자도 페이스북을 처음 사용하게 된 계기는 실제 친구나 지인들과 실명으로 가까운 관계를 유지하면서 의견이나 소식을 나누기 위해서였다. 페이스북에서 경험하는 관계 맺기와 정보 공유 기능은 그 전의 다른 사회관계망 서비스에서 경험해볼 수 없던 다른 차원의 서비스였다.

그렇다면 우수한 서비스 품질과 운영 방식으로 승자독식이 지배하는 시장에서 승리한 페이스북에게는 아무런 문제가 없을까? 페이스북에 대한 의심의 눈초리는 페이스북이 돈을 버는 방식으로 쏠리고 있다. 페이스북은 세계적으로 가장 강력한 인터넷 광고 회사 중 하나이다. 페이스북의 2016년 한 해 총 매출액은 276억 달러로, 이 중 광고 매출액이 268억 달러였다. 이는 전년 대비 57% 증가한 수치이다. 페이스북이 광고로 이처럼 많은 매출액을 올리는 이유는 어느 사업자도 따라올 수 없을 만큼 정확한 맞춤형 광고 매체이기 때문이다. 페이스북은 광고주에게 사람들이 원하는 것이 무엇인지를 결정하는 데 도움이 주는 서비스를 제공한다. 페이스북 광고 페이지에 올라와 있는 광고주들의 경험담은 또다른 광고주들을 정말 솔깃하게 만든다.

"페이스북에서는 사람들이 언제, 어떻게 저희 제품을 살펴보는지 이해하고 이를 바탕으로 관련성 높은 광고를 만들 수 있습니다. 또한 페이스북의 광고 인터페이스는 타 광고 플랫폼보다 훨씬 쉽고 효율적입니다."

페이스북 광고 페이지

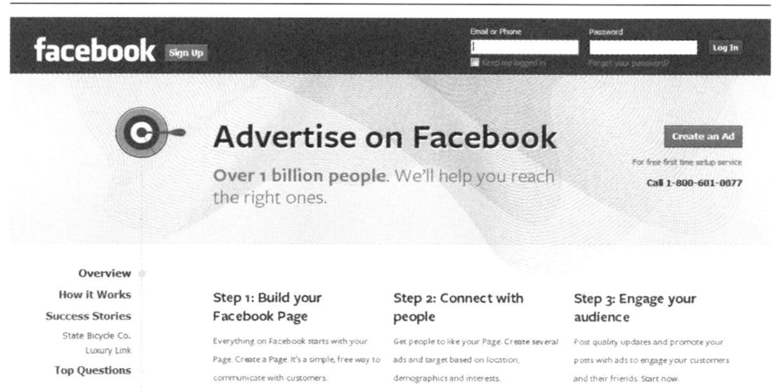

"화제와 참여를 불러일으키기 위해 기획했던 강렬한 TV 광고를 페이스북과 인스타그램 동영상 광고에 접목하여, 도달 범위를 크게 확대하고 사람들의 기대를 더욱 높일 수 있었습니다."

그렇다면 페이스북은 광고주한테 상품에 관심을 가질 만한 이용자층을 선택하여 맞춤형 광고를 제공할 수 있게 도와주는 광고 플랫폼을 어떻게 만들 수 있었을까? 페이스북의 혁신적인 노력도 적지 않았겠지만, 그 바탕에는 회원들이 시시각각 자발적으로 제공하는 엄청난 양의 정보가 있다. 페이스북은 이용자로부터 이름과 나이, 성별 같은 인구 통계학적 자료만 모으는 것이 아니다. 좋아하는 책과 음악 같은 취향과 '좋아요' 단추를 누르고 공유한 콘텐츠의 성격까지 차곡차곡 쌓아둔다. 페이스북은 빅데이터 분석 기술을 적용하여 이처럼 축적된 데이터를 바탕으로 맞춤형 광고에 최적화된 데이터베이스를 구축했다. 결국 페이스북의 주된 수익원이 되는 광고 사업은 개인에 관한 데이터의 수집, 이용과 제3자 제공을 큰 축으로 하고 있다.

개인정보보호법은
어떤 역할을 하고 있는가

　개인정보의 수집, 이용과 제3자 제공은 개인정보보호법의 규제 대상이다. 개인정보보호법은 사업자가 개인정보 처리자로서 정보 주체인 개인으로부터 개인정보를 수집, 이용하거나 제3자에게 제공할 때 엄격하게 정해진 방법으로 사전에 동의를 받는 것을 원칙으로 하고 있다. 예외가 규정되어 있지만 제한적이다. 동의의 방법이 엄격해서 동의를 받으려면 수집하는 개인정보의 항목 전체를 모두 구체적으로 알리고 동의를 받도록 되어 있다. 동의를 받았더라도 항목이 빠지거나 동의를 받은 후 항목이 추가되는 경우 법에 위반될 수 있다. 또한 개인정보를 수집하는 목적이 명확해야 하고, 목적에 필요한 최소한의 범위 내에서 수집해야 하며, 목적 범위 내에서 이용하거나 제3자에게 제공해야 한다.

　이런 개인정보보호법의 규제 구조는 페이스북이 이용하는 빅데이터에는 잘 들어맞지 않는다. 개인정보보호법은 사업자가 어떤 개인정보를 어떤 목적으로 수집하여 어디에 이용하는지를 미리 알 수 있음을 전제로 한다. 그런데 빅데이터는 다양한 형태의 정형 또는 비정형의 데이터로 구성되므로, 언제 어떤 데이터가 수집되고 그 데이터가 어떤 목적으로 누구의 이익을 위해 이용될 것인지 미리 알기 어렵다. 내가 페이스북 게시판에 올라 있는 지인의 여행 게시 글을 보고 '좋아요' 단추를 눌러 전달된 정보가 그 지역 여행 상품을 판매하는 광고주가 대상으로 삼고 싶은 정보가 될지를 어떻게 미리 알 수 있겠는가?

빅데이터에서 주로 개인정보보호법의 문제가 되는 것은 맞춤형 광고를 위한 빅데이터 분석이다. 맞춤형 광고를 위해서는 대상이 될 만한 개인을 추적·식별하기 위하여 프로파일링 기법을 이용하여 개인에 관한 다양한 정보를 처리한다. 이 과정에서 수집 단계에서는 개인을 알아보기 위한 목적과 관련 없는 정보가 빅데이터 분석을 거쳐 개인을 알아볼 수 있는 정보로 탈바꿈되어 마케팅에 이용되기도 한다. 미국의 오프라인 대형 유통 업체인 '타깃Target'은 임신한 여성에게 나타나는 구매 행태 유형을 분석하여 개인을 추적·식별한 끝에 여성 고객의 집에 우편으로 아기 옷 할인 쿠폰을 보냈는데, 하필 그 여성이 고교생이었다. 그 바람에 그 아버지의 거센 항의를 받았는데, 사실 알고 보니 딸이 가족도 모르게 임신 중이었다. 이 얘기는 빅데이터 분석의 놀라운 정확성과 함께 그로 인한 사생활 침해의 위험을 보여준다.

페이스북은 빅데이터 분석을 통해 축적한 데이터베이스를 이용하여 광고의 범위나 효과에 관한 정보를 광고주에게 제공하는 서비스로 수익을 올린다. 오프라인 업체와 다른 점은 대상이 되는 회원과 광고주를 연결해주기 위해 굳이 회원을 알아볼 수 있는 정보를 제공할 필요가 없다는 점이다. 페이스북은 개인 식별 정보가 없는 경우 또는 정보가 통합되어 개인 식별이 불가능한 경우에 한해 광고주에게 필요한 정보를 제공한다고 홍보한다. 광고주가 대상으로 선택한 범위에 있는 고객에게 페이스북 게시판 기능을 이용하여 뉴스피드를 보내면 되므로, 고객이 누구인지 반드시 알 필요가 없기 때문이다. 나의 페이스북 게시판에 나도 모르게 여행 사이트나 맛집 사이트의 광고 게시 글이 뜬다면, 그건 내가 나도 모르게 여행이나 맛집 정보를 공유하거나 다른 회원의 글에 좋아요 단추를 눌렀기 때문일 것이다. 그 광고를 나한테 보내고 싶어 하는 광고주는 굳이 내가 누구인지를 알 필요는 없다. 내가 광고하는 내용에 관심이 있다면 알아서 찾아올 테니까.

그렇다면 페이스북은 개인정보보호법을 잘 준수하고 있는 것일까? 한국 정부가 페이스북에 이 법이나 이와 유사한 규정을 두고 있는 다른 법률('정보통신망 이용촉진 및 정보보호에 관한 법률')을 적용한 사례가 아직 없어서 정확히 알 수는 없다. 2004년 8월에 케이티KT가 'KT소디스'라는 이름으로 고객 데이터베이스 임대 사업을 한 적이 있었다. 이 사업은 KT가 오프라인과 홈페이지를 통해 자사 고객들의 동의를 얻어 수집한 개인정보를 이용하여 기업 고객 연락처를 업데이트해주거나 마케팅을 대행해주는 사업이었다. 이 사업은 고객에게 개인정보의 제3자 제공으로 인한 위험성을 충분히 알리지 않았다는 이유로 결국 규제의 된서리를 맞았다. 그러나 당시만 해도 개인을 알아보지 못하게 개인정보를 제공하는 방식이 아니었다는 점에서 페이스북 사례에 빗댈 것은 못 된다.

다시 독일 얘기로 돌아가자. 독일은 경쟁 당국이 나서기 오래 전부터 데이터 보호를 담당하는 정부 기관이 페이스북의 정보 수집 방식에 대하여 개인정보보호법 위반 가능성을 제기해왔다. 독일의 개인정보보호법은 세계적으로도 매우 엄격한 것으로 알려져 있다. 독일의 데이터 보호 기관은 2010년에는 페이스북의 친구 찾기 기능에 대해, 2011년에는 페이스북의 얼굴 인식 기능에 대해 문제를 제기했다. 문제 제기 초기에는 정부 기관과 페이스북 간의 의견 대립으로 소송 위기까지 가기도 했지만, 협상 결과 페이스북이 개인정보 설정 관리 방식을 고치기로 하면서 합의가 이루어졌다. 그러나 독일에서 페이스북이 경계해야 할 것은 정부 기관만이 아니다. 독일 법에 따르면 소비자 단체는 소비자법 위반을 이유로 한 단체 소송을 제기할 수 있다. 그래서인지 유독 독일에는 페이스북이 개인정보를 수집하기 위해 제공하고 있는 여러 기능이 소비자법에 위반한다는 소송이 많으며, 페이스북의 패소율도 높다.

페이스북은 서비스를 개선하면서 새로운 기능을 추가하고는 한다. 그때마다 이용자도 모르게 이용자에 관한 더 많은 정보가 페이스북에 제공되는 방식으로 그 기능이 활용된다는 의문이 제기되었다. 페이스북은 개인정보 설정 관리 기능을 제공하여 회원이 원하면 설정을 선택, 변경할 수 있도록 해준다. 하지만 초기 설정은 페이스북에 유리하게 최대한의 정보를 제공하는 것으로 되어 있고 회원이 이를 변경하려고 해도 그 메뉴를 찾기 어렵게 해놓았다는 불만도 있었다. 더욱이 이런 기능에서 제공하는 단계를 거쳐 정보 삭제를 요청해도 실제로 페이스북이 그 정보를 서버에서 완전히 삭제하는지 확인할 방법이 없다는 문제도 남는다. 그래도 개인정보보호법에 따른 문제 제기는 페이스북이 계속해서 개인정보 보호에 더 적합한 방법을 개발하여 문제를 개선하도록 촉진하는 역할을 한다.

개인정보보호법은 개인정보에 대해 개인이 스스로 결정할 수 있는 권리를 갖는다는 것을 전제로 한다. 개인정보보호법이 이 권리를 보호하는 방식은 자신에 관한 개인정보가 누구에 의하여 어떤 목적으로 얼마만큼 수집되고 이용되는지, 그리고 누구에게 제공되는지를 미리 알려주는 방식이다. 이를 '옵트 인Opt-in 방식'이라고 한다. 여기에는 개인이 미리 알고 대비하면 권리 침해를 예방할 수 있다는 사고 방식이 깔려 있다. 동의한 후에도 자신의 개인정보가 어떻게 쓰이는지를 나중에 확인하거나 마음이 변하여 동의를 거둬들이고 정보의 정정·삭제를 요구할 수도 있다. 이를 '옵트 아웃Opt-out 방식'이라고 한다. 우리 법은 두 가지 방식을 다 규정하고 있지만, 옵트 인 방식에 따른 의무가 워낙 강하다 보니 사업자도 이용자도 동의를 한 후의 보호 절차에는 별로 신경을 쓰고 있는 것 같지 않다.

개인정보 보호의 문제가
소비자 보호의 문제로

그렇다면 개인정보보호법에 정한 의무만 준수하면 개인정보에 관한 법적 문제는 끝나는 것인가? 과연 개인은 자신에 관한 개인정보가 자신도 모르게 수집·이용되거나 제3자에게 제공되는지 그 여부에만 신경을 쓰는 것일까? 적어도 개인정보보호법이 처음 만들어질 때만 해도 개인정보 침해나 유출로 인한 사생활 침해가 주된 문제였다. 개인정보는 인격권에 관한 문제로 생각되었기 때문이다. 그러나 개인정보를 인격권에 관한 문제로만 바라보고 본인의 동의 없이는 언제나 지켜져야 하는 대상으로만 취급하는 것은 현실에 맞지 않는다.

개인정보는 실제로 거래 대상이 되어 경제적 가치를 갖는다. 개인정보를 수집·이용하려는 개인정보 처리자의 대부분은 사업자이다. 사업자가 소비자 정보를 수집하고 이용하는 것은 새로운 일이 아니다. 예를 들어 백화점 같은 대형 유통 업체는 오래 전부터 고객 카드 제도를 운영해왔다. 이 제도는 카드 보유자가 그 카드를 사용할 때마다 제공하는 정보를 갖고 판매 기반이 되는 고객을 더 잘 이해하여 광고 타깃을 설정하고 사업을 개선하는 데 도움이 된다. 최근 10년 사이에 다양한 경제 분야의 사업 모델은 점점 더 정보 수집과 이용에 의존하는 방식으로 발전하고 있다. 이는 기술의 발전에 힘입은 바가 크다. 기술 발전으로 전보다 더 빠르고 지능적인 방식으로 데이터를 수집하고 분석하는 것이 가능해졌기 때문이다.

사업자가 개인정보를 상업적으로 이용하는 시대에는 서비스 이용의 대가로 개인정보를 제공하는 이용자의 지위를 소비자로 인식할 필요가 있다. 상품의 최종 수요자인 소비자가 시장에서 주인으로 행세할 수 있으려면 소비자가 상품 선택에 필요한 충분한 정보를 갖추고 그 정보에 근거하여 합리적인 결정을 할 수 있어야 한다. 그런데 만일 사업자가 소비자에게 그릇된 정보를 제공하거나 합리적이지 않은 사유로 소비자가 어떤 상품을 살 수밖에 없는 상황을 만들어낸다면, 이때 소비자의 권리는 침해를 받는다. 소비자가 제공하는 데이터에도 이런 상황이 발생할 수 있다. 양면 시장형 사업 모델을 채택하는 온라인 플랫폼 사업자 대부분은 더 많은 이용자를 끌어들이기 위하여 매력적인 서비스를 제공하면서 이용자는 아무런 경제적 대가 없이 이를 이용할 수 있는 것처럼 홍보한다. 그러나 이런 서비스는 엄밀히 말하면 공짜가 아니다. 개인정보의 상업적 이용 기술이 발전하면 발전할수록 이용자는 더 많은 개인정보를 알게 모르게 제공하도록 유도된다. 그런데 이용자가 자신이 제공하는 개인정보가 어떻게 쓰이는지를 아는 정도는 제각각이다. 개인정보의 상업적 이용에 대한 사업자의 투명성 부족으로 이용자는 서비스 이용의 대가로 개인정보를 제공할 것인지 그 여부에 대해 정보에 근거한 결정을 내리기 어려워진다. 이는 소비자법에서 관심을 갖는 전형적인 문제이다.

우리나라 공정거래위원회도 개인정보 문제를 소비자법의 문제로 접근한 적이 있다. 2015년 5월 네이버와 카카오 같은 포털 사업자, 롯데 쇼핑, 이마트 같은 온라인 쇼핑몰 사업자를 포함한 21개 온라인 사업자가 공정거래위원회로부터 불공정 약관을 사용했다는 이유로 시정 명령을 받았다. 소비자로부터 서비스 이용의 대가로 제공해야 하는 개인정보를 불필요하게 많이 수집하여 오래 보유하고 이를 소비자에게 제대로 알리지 않고도 제3자에게 제공할 수 있도록 약관에 정해 둔 것이 문제가 된 것이다. 예를 들어 많은 온라인 쇼핑몰 사업자가 회원 가입 시 통합 아이디를 설정하도록 유도한다. 그런데 회원은 통합 아이디를 설정하면 그 사업자에게 제공되는 개인정보가 제휴 관계에 있는 다른 사업자와 공유된다는 사실을 모르는 경우가 많다. 우리나라 개인정보법제에 따르면, 이런 경우에는 이용자에게 미리 그 사실을 알린 후 별도의 동의를 얻어야 한다. 공정거래위원회는 소비자가 개인정보를 제공할 것인지, 제공한다면 어느 범위에서 제공할 것인지를 고려하여 서비스를 선택할 기회를 주지 않은 것이 소비자의 선택권을 침해한다고 본 것이다.

공정거래위원회가 문제 삼은 개인정보는 개인을 식별할 수 있는 이름, 연락처, 주소 등 신상에 관한 정보이다. 그런데 빅데이터라고 부르는 정보는 단순히 개인 신상에 관한 정보를 넘어 그 개인의 관심사나 경험과 성향, 취향에 관한 정보도 널리 포함하고 있다. 사업자가 이런 정보를 가지면 그 소비자에게 맞춤형 광고나 개인화된 콘텐츠를 내보 낼 수 있다. 이런 정보는 가입할 때 한 번 제공하는 정보와 달리 이용 자가 서비스를 사용하면서 일상적으로 하는 행동을 통해 무의식적으 로 제공될 뿐만 아니라 이용자의 의사와 관계없이 수집되기도 한다. 이용자가 검색 서비스를 이용하기 위하여 검색어를 입력하는 행위, 사 회관계망 서비스에 정보를 공유하는 행위 또는 단순히 어떤 서비스 를 이용하기 위하여 사이트에 접속하는 행위 하나하나가 사업자 입 장에서는 쓸모 있는 이용자 행태 정보의 수집 원천이 된다.

소비자 보호의 문제로 개인정보의 문제를 접근하는 방식은 소비자 가 자신이 이용하는 서비스의 대가로 어떤 정보가 제공되고 이 정보 를 사업자가 상업적으로 어떻게 이용하고 있는지를 알고 합리적으로 선택하게 해주어야 한다는 인식에서 출발한다. 그런데 소비자 입장에 서는 그 서비스를 통해 수집하게 된 개인정보가 어떤 정보인지에 따 라 선택 행동을 결정하는 데 갖는 중요성이 다를 수 있다. 회원 가입할 때 개인 신상 정보를 제공하는 것은 꺼림칙할 수 있다. 하지만 개인 신 상을 드러내지 않은 상태에서 내가 서비스를 이용하는 행위에 관한 정보를 사업자가 내가 원하는 것을 알기 위한 정보로 활용하는 것에 는 상대적으로 덜 민감할 수 있다. 내가 어느 지역을 여행하기 위하여 검색을 했는데, 사업자가 나의 검색 정보를 이용하여 내게 필요한 광 고를 보여준다면 그 광고는 내게 유용할 수 있다. 반면에 사회관계망 서비스에서 내 관심사를 다른 사람들과 공유했는데, 사업자가 그 정보를 통해 내가 그와 관련한 상품을 원한다고 추측하여 관련 광고를 자꾸 내보낸다면 성가실 수 있다. 이처럼 개인정보가 제공되는 시기나 종류에 따라 소비자가 갖는 민감도가 다를 수 있다. 그럼에도 개인정보보호법제는 일률적으로 사전 동의를 요구하는 방식으로 접근할 뿐, 소비자의 올바른 선택을 돕기 위하여 상황에 따라 대처할 수 있는 여지를 주지 않는다.

소비자가 정보에 근거한 합리적인 선택을 하지 못하게 되는 상황은 다양하다. 소비자가 서비스의 대가나 그 내용이 무엇인지를 잘 모르거나 잘못 알게 되는 상황인 경우도 있지만, 이를 잘 알더라도 그 서비스를 이용할 수밖에 없게 되는 상황일 때도 있다. 개인정보보호법제에서 정보의 수집·이용 또는 제3자 제공 때 사전 동의를 요구하는 것은 소비자법 입장에서는 소비자에게 선택에 필요한 정보를 갖추도록 하는 의미가 있다. 소비자가 선택 행동을 하기 전에 서비스의 대가가 개인정보이고 서비스가 개인정보를 이용한 광고나 분석에 기반을 둔 수익 모델에 힘입어 이루어진다는 사실을 더욱 정확하게 알게 된다면, 선택 행동에도 영향을 줄 수 있기 때문이다. 그러나 소비자가 그런 정보가 주어지더라도 그 서비스를 이용할 수밖에 없도록 서비스를 설계할 경우, 소비자로서는 그 서비스를 선택하거나 떠나는 양자택일의 기로에 서게 된다. 소비자는 제한된 선택의 폭이 주어지더라도 그 가운데 자신의 선택 행동이 자율적으로 이루어질 수 있도록 보호받을 필요가 있다. 이를 위해서는 서비스 개시 단계뿐만 아니라 이용 도중에도 소비자가 개인정보를 주는 범위나 방식을 바꿀 수 있는 기회가 있어야 한다. 소비자법은 사업자의 개인정보 보호 정책이 소비자가 자신이 얻는 혜택과 대가를 비교하면서 선택권을 행사할 수 있는 방향으로 개선되도록 촉구하는 역할을 한다. 이는 개인정보에 관한 권리를 인격권으로 접근하여 서비스가 거래되는 맥락에서는 판단하기 어려운 개인정보보호법제와 다른 점이다.

소비자 보호의 문제를 넘어
경쟁 보호의 문제로

소비자법이 개입하는 상황은 소비자에게 제한된 선택의 폭이 주어 진 상황이다. 만일 시장에 유사한 다른 서비스가 있고 그 서비스를 이 용할 때 개인정보를 덜 제공해도 된다면 어떨까? 소비자로서는 개인 정보 보호 정책에 관한 선택 폭이 넓어지게 된다. 이 경우 개인정보를 더 많이 수집하는 방식으로 서비스를 제공하는 사업자가 있더라도 소비자의 선택 행동이 그런 정책에 의해 제약받는 정도는 적을 것이 다. 개인정보에 민감한 소비자는 서비스의 혜택과 대가 사이의 상충 을 고려하여 서로 구조가 다른 서비스 간에 선택할 가능성이 있기 때 문이다. 따라서 조금 더 근본적인 문제는 과연 시장에 다양한 서비스 가 충분히 공급되고 있는가, 다시 말하면 개인정보 이용과 관련된 사 업 모델 사이에 경쟁이 이루어지고 있는가의 문제로 넘어간다.

경쟁법은 사업자들의 경쟁이 성립하거나 성립할 수 있는 단위로서 관련 시장을 획정한 후, 그 시장에서 경쟁자를 훨씬 앞서는 경쟁 우위를 가진 사업자에 주목한다. 그리고 그 사업자가 경쟁자를 배제하거나 소비자로부터 부당한 이익을 빼앗아가는 행위를 선별하여 규제 대상으로 삼는다. 경쟁법은 사업자의 행위가 규제 대상이 되는지 판단하기 위한 전통적인 분석 틀과 도구를 갖고 있다. 이러한 분석 틀과 도구는 사업자가 무엇으로 경쟁하는가, 경쟁자나 거래 상대방의 견제나 압력에서 벗어나 더 많은 이익을 가져가기 위하여 어떤 경쟁 요소에 영향력을 행사하려고 하는가를 분석하는 데 사용된다. 가장 많이 쓰이는 분석 틀과 도구가 사업자들의 경쟁 요소 가운데 가격에 주목하는 방법이다. 이는 가격이 그래도 비교, 측정할 수 있는 요소이기 때문이다. 가격 중심의 분석은 가격에 초점을 맞추어 과연 그 사업자의 행위를 시장에서 받아들여도 되는지를 판단하고자 한다. 경쟁 우위에 있는 사업자가 책정한 가격을 경쟁 상황에서 형성되는 가격과 비교한다거나, 경쟁자가 경쟁할 만한 비용 대비 가격이 적정한지를 보거나, 또는 같은 상품이나 서비스에 대하여 차별적인 가격을 책정한 경우 그 가격 차이를 비교하는 방법 등이 쓰인다.

사업자가 원자재 생산자나 유통업자 또는 소비자와 같이 한쪽 측면만을 상대하면 되는 단면 장에서는 경제적으로 측정할 수 있는 가격의 책정과 변화에 초점을 둔 분석이 우세하고 또 쓸모가 있었다. 하지만 양면 시장형 사업 모델의 등장으로 기존에 쓰던 분석 틀과 도구가 잘 들어맞지 않게 되었다. 그에 따라 새로운 현상을 경제적으로 또한 규범적으로 설명하기 위한 여러 가지 시도가 있었다. 새로운 사업 모델과 그에 따른 새로운 유형의 사업 활동이 등장하면 이런 사업이 경쟁과 소비자 복지에 어떤 영향을 줄 것인지에 대한 새로운 각도의 사고가 필요하다. 그 과정에서 전에 생각하지 않았던 발상으로 경쟁과 소비자 복지에 부정적인 영향을 준다는 설명을 제공하는 이론이 등장하면 생각을 달리하는 사람들 사이에 논쟁이 벌어진다.

2014년 6월, 유럽 데이터 보호 감독 기관EDPS이 개최한 워크숍은 빅데이터 문제를 경쟁법적 관심사로 인식하려는 시도가 공식화되는 계기가 되었다. 이 워크숍에서 전문가들은 빅데이터를 이용한 수익 모델이 시장을 선도하고 빅데이터의 수집·축적이 사업자의 경쟁력을 좌우하는 시대에 경쟁법의 적용이 취약성을 갖고 있다는 점을 지적했다 보고서의 표현대로 이 워크숍에서 이루어진 논의는 "지니가 병 속에서 나오는" 것과 같았다.

이후 빅데이터를 둘러싼 새로운 경쟁 침해 이론은 봇물처럼 쏟아져 나오고 있다. 출발점은 소비자가 공짜로 쓴다고 생각하는 서비스가 실제로는 공짜가 아니라 개인정보의 형태로 대가를 요구한다는 새로운 인식이다. 이용자에게 서비스를 제공한 대가로 취득한 데이터가 새로운 화폐가 되는 시대에 선발 사업자는 데이터에 바탕을 둔 경쟁 우위data-driven competitive advantage를 갖게 된다는 것이다.

또한 개인정보가 가격이 아닌 경쟁 요소가 된다는 주장도 인식의 변화를 이끌고 있다. 이 주장에 따르면, 온라인 서비스를 이용하는 소비자는 서비스 대가만 고려하는 것이 아니라 서비스 품질도 고려한다. 이런 상황에서 개인정보 보호 수준은 소비자의 선택을 받고자 하는 사업자에게 중요한 경쟁 요소로서 서비스의 품질을 구성한다. 어떤 서비스는 더 많은 개인정보를 요구하고 이를 이용한 광고로 수익을 얻는 데 반하여, 다른 서비스는 개인정보를 덜 요구하는 대신 이용자로부터 회비를 받아 수익을 얻는다. 이 중에서 돈 몇 푼보다는 개인정보 제공에 민감한 소비자는 후자를 선택할 것이다. 그런데 개인정보를 이용한 광고로 수익을 얻는 사업자가 개인정보를 더 잘 보호하는 사업 모델의 다른 사업자를 공격하거나 배제하는 방식으로 사업을 하는 경우, 소비자의 선택 가능성은 줄어든다. 이런 상황을 시장에서 경쟁이 제한되는 현상으로 설명하는 것이다.

네트워크 외부효과에 대해서도 새로운 설명이 등장한다. 어느 사업자에게 이용자가 몰려 네트워크 외부효과가 발생하더라도 페이스북의 사례에서 보듯이 차별화된 서비스를 제공하여 시장의 흐름을 바꿀 수 있는 가능성은 열려 있다. 그런데 빅데이터 시대에는 데이터의 규모나 범위뿐만 아니라 빅데이터에 바탕을 둔 알고리즘 학습 행동의 규모의 차이도 네트워크 외부효과를 발생시키는 원인이 되기 때문에, 이를 복합한 크기는 전과 비교할 수 없을 정도라는 것이다. 페이스북이 시장의 승자로 떠오르던 때만 해도 이용자가 데이터를 옮기는 것이 아주 어렵지는 않았다. 그러나 이제는 후발 사업자들이 극복할 수 없는 진입 장벽이 되고 있다는 것이다.

페이스북의 왓츠앱 인수 때도 광고로 수익을 얻는 페이스북이 왓츠앱의 이용자 데이터를 축적하여 네트워크 효과를 발생시킬 가능성에 대한 문제 제기가 있었다. 이에 대한 경쟁 당국의 답변은 2014년 10월에 발표된 결정문에 실린 다음과 같은 문장에 담겨 있다.

"합병 후에도 시장에는 온라인 광고 서비스를 제공하는 충분한 숫자의 다른 사업자가 존재한다. 현재도 페이스북 외에 이용자 데이터를 수집하는 상당히 많은 숫자의 시장 참가자가 있다. 합병 당사자가 페이스북의 사회관계망상의 맞춤형 광고를 개선하기 위하여 왓츠앱 이용자 데이터를 이용하기 시작할 것인가 하는 여부와 관계없이 광고 목적으로 가치 있는 인터넷 이용자 데이터는 널려 있으며 페이스북의 배타적 통제하에 있지도 않다."

이때만 해도 유럽 경쟁 당국은 대규모로 축적된 데이터가 지속적인 경쟁 우위를 보장하지는 않는다는 인식을 갖고 있었던 것으로 보인다. 그만큼 온라인 세상의 경쟁과 혁신의 속도는 빠르다.

2016년 12월, 마이크로소프트Microsoft의 링크드인LinkedIn 인수가 경쟁에 미치는 영향에 대한 유럽 경쟁 당국의 판단에서 변화의 조짐이 나타나고 있다. 페이스북이 누구나 참여할 수 있는 일반적인 사회관계망 서비스라면 링크드인은 전문가를 대상으로 한 특화된 서비스이다. 유럽 경쟁 당국은 개인정보와 관련된 우려가 그 자체로 경쟁법 위반으로 연결되지는 않는다는 점을 인정하면서도, 경쟁에 대한 영향 평가에서 그 우려가 고려되는 경우가 있다고 언급했다. 예컨대, 소비자가 개인정보 보호의 문제를 품질의 중요한 요소로 보고 사업자들도 이런 요소에 관해 서로 경쟁하는 경우이다. 유럽 경쟁 당국은 전문가를 대상으로 한 사회관계망 서비스 간 경쟁이 그런 경우라고 봤다.

빅데이터와 디지털 경제의 시대, 한 치 앞을 알 수 없는 시장의 격변

속에 서 있는 사업자들 앞에는 개인정보 보호를 화두로 한 규제의 복병이 자리 잡고 있다. 이런 규제는 이제 개인정보보호법, 소비자법, 경쟁법의 삼각 편대를 형성해가고 있다. 이론적으로는 이 세 가지 법의 역할이 나누어질 수 있지만, 분명 겹치는 영역도 존재한다. 세 가지 법의 집행이 보완적으로 이루어진다면 규제의 빈틈을 파고들려는 약삭빠른 사업자의 일탈 행위도 잘 잡아낼 것이다. 하지만 불필요하게 중복된 규제가 이루어진다면 소비자가 편리하게 여기던 서비스가 위축되거나 개발이 더뎌지는 부작용을 초래할 수도 있다.

규제의 칼끝은 아무래도 시장을 선도하는 큰 회사를 향할 수밖에

개인정보보호법, 소비자법, 경쟁법의 상호 관계

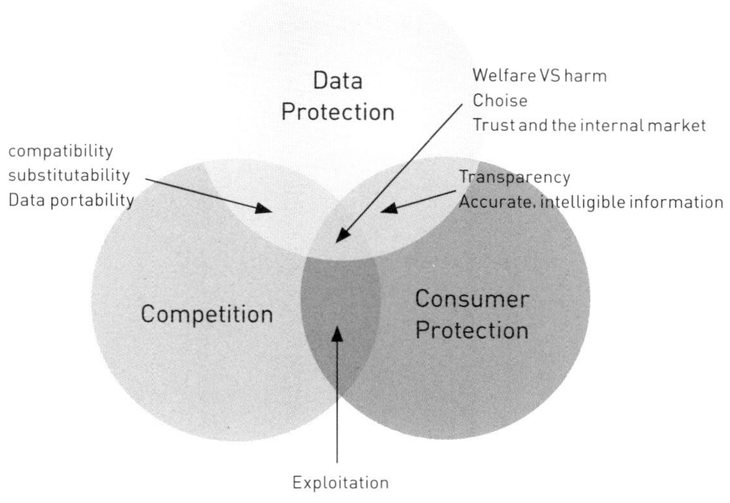

출처: 유럽 데이터 보호 감시 당국(EDPS)

없다. 큰 회사를 규제하면 이를 뒤쫓고 싶어도 역부족을 느끼는 후발 사업자에게 더 많은 기회가 열릴 수도 있다. 이는 후발 사업자에게는 닫혀 있다고 느끼던 '경쟁의 관문'이 열리는 신호로 받아들여질 수도 있다. 소비자 입장에서도 소비자와 데이터 이용 사업자 사이의 정보 비대칭이나 힘의 불균형이 해소되어 소비자가 더 정확한 정보를 갖고 더 합리적으로 개인정보 제공과 이용에 대한 선택권을 행사하는 길이 될 수도 있다. 그러나 법의 집행 강화가 반드시 해피엔딩을 약속해줄까? 구글이나 페이스북과 같은 큰 회사가 현재의 자리에 올 때까지 파괴적인 혁신과 점진적인 패러다임 전환을 통해 분명한 장점을 발휘해왔다는 점을 부인할 수는 없다. 그들은 전에도 수많은 문제 제기에 직면하며 그때마다 시행 착오와 이용자와의 상호 작용을 통하여 자기 개선 과정을 거치며 성장해왔다. 문제는 이들이 계속해서 그 과정을 밟아갈 것이라고 믿을 만한 신뢰가 남아 있는가 하는 것이다. 시장이 작동한다는 믿음은 큰 회사 외의 다른 경쟁자, 네트워크 사업 참여자나 소비자가 유효 적절한 견제 수단을 갖고 있다는 전제에 서 있다. 유럽 경쟁 당국은 그 믿음이 엷어져서 조바심을 내고 있는 것으로 보인다. 그렇다면 우리는? 과연 그런 믿음을 가져본 적이 있기는 한지 스스로 돌아보아야 할 때가 아닐까?

3장

당신의
비서가 되고 싶습니다

임용
서울대학교 법학전문대학원 교수

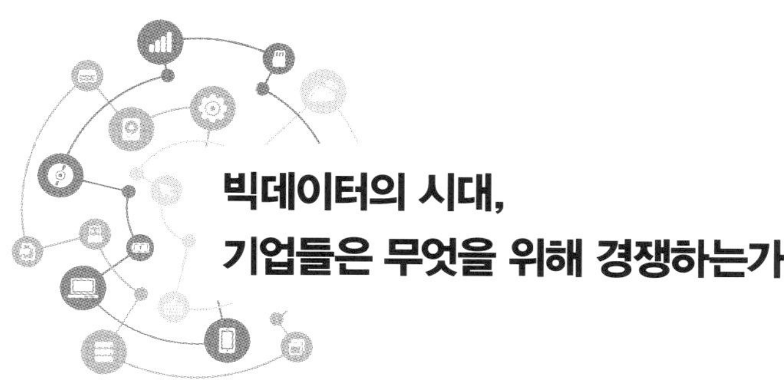

빅데이터의 시대,
기업들은 무엇을 위해 경쟁하는가

바야흐로 빅데이터의 시대이다. 생성되는 정보의 양과 종류는 물론 그 수집과 처리 속도 모두 폭발적으로 증가하고 있다. 그 정보를 활용하는 기계들도 점점 똑똑해지고 있다. 우리 주변 환경도 마찬가지이다. 우리가 지금까지 집 안 또는 거리에서 무심코 지나쳤던 사물들이 온라인으로 연결되면서 우리의 일거수일투족에 관한 정보를 쉬지 않고 수집하고 서로 전달하면서 상호 작용을 하고 있다[1]. 이처럼 기계와 환경이 변화하고 있는 빅데이터 시대에서는 자연스럽게 시장과 그 속에서 이루어지는 경쟁의 모습도 달라질 수밖에 없다. 이 장에서는 그런 변화의 한 단면을 통해 빅데이터 시대의 시장 경쟁에 관한 규제가 직면하게 될 하나의 도전을 지적하고자 한다.

먹고 자는 것 외에 우리가 매일 빠지지 않고 하는 것을 열거해보면 대부분 뉴스를 보는 일이 그 안에 포함될 것이다. 오늘날 사람들이 어떻게 뉴스를 접하는지 생각해보자. 신문을 구독하거나 뉴스 시간에 맞춰 TV를 켜기도 하지만, 요즘은 수시로 스마트폰 화면을 통해 포털 사이트 등에서 관심이 가는 뉴스거리를 골라가며 읽는다. 뉴스 제공의 주요 경로였던 신문과 방송사들이 위기를 느낄 정도이다.

그런데 얼마 전 한 주요 일간지가 흥미로운 발표 하나를 했다. 앞으로 핸드폰을 집어 들고 기사를 찾는 수고마저 덜어주겠다는 것이다. '핸즈 프리' 디바이스인 아마존Amazon의 에코Echo에게 "오늘 새로운 뉴스는 뭐야?"라고 물어보기만 하면 우리가 관심을 가질 만한 자사 뉴스를 생생하게 들려주겠다는 것이다[2]. 이를 가능하게 만든 것은 에코에 탑재되어 있는 아마존의 인공지능AI: artificial intelligence 프로그램인 알렉사Alexa이다. 알렉사가 그 질문에 답할 수 있는 것은 평소 당신의 성향

아마존의 인공지능 '알렉사'가 탑재된 에코

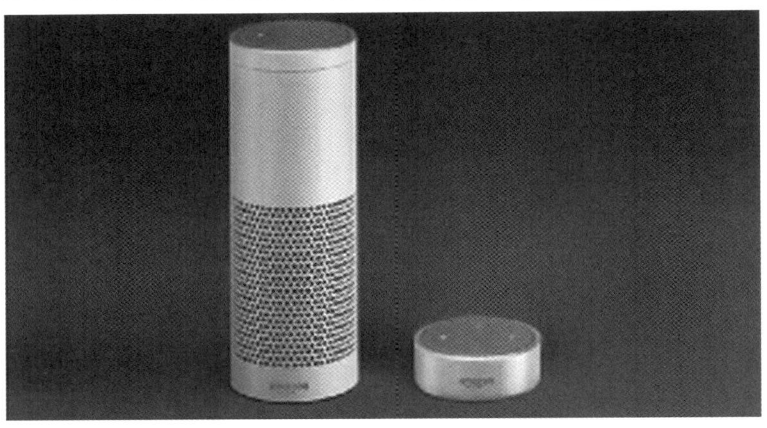

출처: 조선일보

과 관심사에 관하여 정보를 수집하고 분석한 빅데이터 덕분이다.

이처럼 빅데이터를 활용한 인공지능 기반의 기기 또는 기술의 효용은 뉴스를 찾아서 읽어주는 것에 그치지 않는다. 핸드폰에 일정을 저장해두면 약속 시간에 늦지 않도록 당신이 이용할 것으로 예상되는 교통 수단 상황을 고려하여 나갈 채비를 해야 한다고 채근한다. 당신의 평소 이동 경로에 비추어 일주일 뒤 이 시점에 어디에 있을지를 예측하여 그 주변에 당신이 이용할 만한 상점의 할인 행사를 미리 알려줄 수도 있다. 모두 공상이 아니라 현재도 시현 가능하고 제공되고 있는 서비스들이다. 혼란스럽고 따라가는 것조차 버거울 정도로 급변하고 있는 오늘날의 디지털 환경 속에서 당신의 손을 잡고 안내해줄 개인 비서가 되겠다고 서로 각축을 벌이는 상황, 이것이 빅데이터 시대에 정보와 기술을 기반으로 벌어지는 경쟁의 중요한 한 모습이다.

조금 더 들여다보자. 사람들은 흔히 빅데이터라고 하면 많은 양의 데이터를 떠올린다. 빅데이터의 특징으로 거론되는 네 가지 'V' 중 첫째가 수량volume이다[3]. 그래서 빅데이터의 시대에는 데이터를 더 많이 확보하는 것이 경쟁의 핵심이라고 생각하기 쉽다. 실제로 온라인과 오프라인을 불문하고 기업들은 더 많고 다양한 정보를 확보하기 위해 적지 않은 노력과 비용을 투입하고 있으며, 그렇게 확보한 정보를 제품 개발과 품질 향상에 투입하고 있다. 독자들도 정보를 디지털 시대의 새로운 '원유'라 부르는 것을 한번쯤 들어보았을 것이다.

하지만 정보를 더 많이 확보한다고 해서 바로 경쟁 우위에 서는 것은 아니다. 또 시장에서 정보를 많이 축적한 자의 위치가 항상 공고한 것도 아니다. 국내외를 불문하고 우리가 잘 아는 거대 인터넷 기업들은 대부분 정보의 약세를 극복한 사업자들이다. 해외를 보면 후발 주자로 이용자에 관한 정보가 상대적으로 부족했던 페이스북이 마이스페이스를 넘어섰고, 검색 정보 측면에서 약세였던 신흥 검색 엔진인 구글Google이 야후Yahoo!를 제쳤다. 국내의 네이버나 카카오톡도 기존의 강자들(다음, 네이트)을 물리치고 현재의 자리에 올라선 경우이다. 정보 보유량과 질이 모든 것을 결정해주지 않는다는 반증이다. 그렇다고 해도 정보가 과거의 원유처럼 핵심 자산이라면 일단 많이 확보한 다음 그 정보를 팔아 돈을 벌 수 있지는 않을까? 하지만 현실에서 보면 정보의 판매(거래) 그 자체를 비즈니스 모델 또는 주요 수익의 원천으로 삼고 있는 기업은 상대적으로 적다. 프라이버시에 점점 민감해지고 있는 이용자들의 시선이 두려워서라도 마음대로 정보를 제3자에게 넘기기도 어려운 탓이다. 디지털 시대의 정보를 저물어가는 산업 시대의 석유나 석탄처럼 그 자체로 거래되는 자산으로 또는 다른 제품의 공정 과정에 투입되는 요소 정도로 취급하는 것은 문제가 있다. 오늘날 시장에서 정보가 가지는 의미를 과거의 시각으로 이해하는 데 그치면 정작 기업들이 중요하게 생각하는 경쟁의 핵심을 간과할 수 있기 때문이다.

오늘날 정보가 핵심 경쟁 요소로 인식되는 정보 기반 산업data-driven industries의 기업들은 정보를 확보하기 위해서도 노력을 경주하지만, 그들이 궁극적으로 원하는 것은 그런 정보의 취득 경로이자 제품의 판매 경로이기도 한 당신에 대한 '액세스access'이다. 인터넷을 주로 PC 화면을 통해 접하던 시기에는 이를 '눈알_{eyeballs}' 또는 '관심_{attention}'으로 표현하기도 했다. 하지만 오늘날 기업들이 눈독을 들이고 있는 액세스는 사람들의 수면 시간처럼 무의식의 시공간도 포함한다. 이런 액세스의 가치는 정보 그 자체를 거래하거나 활용하여 얻을 수 있는 돈을 쉽게 뛰어넘을 수 있다. 구글의 목표가 당신이 지메일_{Gmail} 서비스나 검색 엔진인 구글 서치_{Google Search}을 더 많이 사용하도록 하는 것, 그리고 그 사이사이에 광고를 더 많이 끼워놓는 것 정도로 이해하는 것은 구글이 참여하고 있는 시장에서 일어나고 있는 경쟁의 본질을 간과한 것이다. 구글이 자사 서비스를 사용하는 이용자 정보에 눈독을 들인다고 말하는 것도 마찬가지이다. 구글에게 궁극적으로 가치가 있는 것은 바로 당신에 대한 액세스이다. 이 액세스를 꿰차고 있는 자가 당신에게 접근하고 싶어 하는 다른 모든 자를 상대로 돈을 벌 수 있기 때문이다. 액세스를 확보하면 관련 정보도 자연스럽게 확보할 수 있다. 안드로이드_{Android}로 모바일 플랫폼 시장의 강자가 된 구글에게 또 하나의 위협이 다름 아닌 그 플랫폼 위에서 돌아가는 앱이라는 지적이 업계에서 나오는 것도 실은 액세스에 관한 경쟁을 두고 말하는 것이다. 이런 액세스 경쟁의 주요 전장 가운데 하나가 바로 인공지능을 활용한 개인 비서다. 구글_{Google Home}도, 아마존_{Alexa}도, 마이크로소프트_{Cortana}도, 애플_{Siri}도, SK텔레콤_{Nugu}도 서로 형태나 양상에는 차이가 있지만 모두 이 경쟁에 뛰어들었다고 볼 수 있다. 그들만 액세스에 눈독을 들이고 있는 것이 아니다. 앞으로 자율주행 자동차를 통해 이동 시간 동안 인간의 손과 발이 휠에서 자유로워지고 도로와 주변에 신경을 써야 했던 머리도 자유로워질 것이다. 그 결과 주행 시간 동안 당신에 대한 액세스 가치는 높아질 것이다. 자율주행 자동차 탑승자에 대한 미래의 액세스를 확보하기 위한 전쟁은 이미 시작되었다.[4]

한 가지 흥미로운 사실은 기존에 이 기업들이 모두 서로 다른 시장에서 경쟁하고 있다고 인식되어왔다는 점이다[5]. 이처럼 빅데이터 시대의 경쟁은 예전의 시장 간 장벽을 허물어가면서 새로운 양상을 보일 수 있다. 전혀 다른 산업이나 시장에서 활동하고 있는 기업 간 경쟁을 우리는 어떻게 분석하고 규제해야 할까? 한 가지 분명한 것은 시장 간 융합이 단순히 기존의 개별 시장 규제의 중첩으로 이어지는 것은 문제가 된다. 그런 규제들은 과거의 시장 획정하에서 개별적으로 발전해온 것이기 때문이다. 시장 간 경계가 허물어지고 있는 빅데이터 시대에 규제 융합은 어떤 모습이어야 할까? 분명한 것은 과거의 시각에 사로잡혀 오늘을 재단하면 자칫 실수를 저지를 수 있다는 점이다. 기술만 혁신이 필요한 것이 아니라 우리의 사고 또한 혁신되어야 하는 이유가 바로 여기에 있다.

4장

자율주행 자동차의 법적 과제

권영준

서울대학교 법학전문대학원 교수

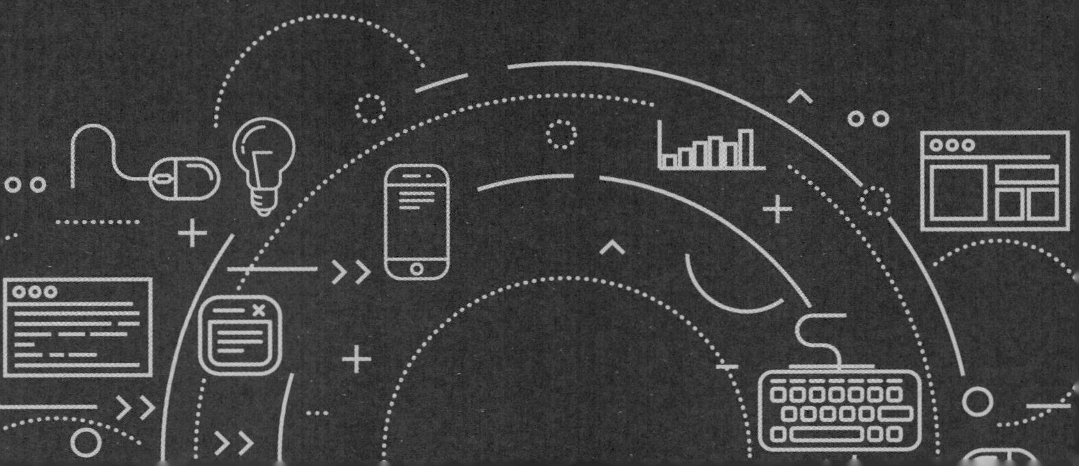

자율주행 자동차 시대가 도래하다

자동차自動車가 문자 그대로 스스로 움직이기 시작했다. 바야흐로 자율주행 자동차 시대의 도래가 눈앞에 온 것이다! 자율주행 자동차는 운전자 또는 승객의 적극적 개입 없이도 스스로 인지, 판단, 제어하여 주행한다. 우리나라 자동차관리법 제2조 제1호의 3은 자율주행 자동차를 "운전자 또는 승객의 조작 없이 자동차 스스로 운행이 가능한 자동차"라고 정의하고 있다. 가장 늦게 움직이는 영역인 법의 영역에서조차 자율주행 자동차가 정의되었으니 이제 자율주행 자동차는 제도권 내에 진입한 셈이다.

자율주행 자동차에 대한 관심은 가히 폭발적이다. 벤츠, BMW, GM, 도요타, 현대 등 자동차 제작사들은 경쟁적으로 자율주행 자동차 기술을 개발하고 있다. IT 회사들도 그 대열에 서 있다. 자율주행 기술 개발의 선두주자는 구글Google이다. 애플Apple 등 다른 글로벌 IT 회사들도 이 대열에 합류하고 있다. 우리나라에서는 네이버naver의 자회사인 네이버랩스가 개발 경쟁에 참여하고 있다. 언론은 연일 자율주행 자동차 관련 기사들을 쏟아내고 있다. 검색창에 "자율주행"을 쳐보라. 매일같이 숱한 기사와 칼럼들이 지면을 장식하고 있음을 쉽게 알 수 있다. 선진국들은 자율주행 자동차 시대를 선도하기 위해 분주하게 움직이고 있다. 그 최전선에는 미국이 있고, 독일, 일본, 영국 등 선진국들이 그 뒤를 따르고 있다. 우리나라도 동분서주 중이다.

교통 수단은 오랜 역사를 가지고 있고 교통 수단의 혁명이 일어날 때마다 혼란과 반발이 있었다. 자동차가 처음 등장할 때도 그랬다. 독일 황제 빌헬름 2세는 1905년 "나는 말의 신봉자이다. 자동차는 스쳐가는 현상에 불과하다(Ich glaube an das Pferd. Das Automobil ist nur eine vorübergehende Erscheinung)"라고 말했다고 한다. 그러나 그의 호언과 달리 자동차는 말을 몰아내고 세계를 뒤덮었다. 자율주행 자동차 출현에 의구심을 품는 사람들도 있다. 그러나 자동차의 자율화는 거스를 수 없는 대세이다. 아직까지는 제한된 자율주행 기능만 선보이고 있으나, 앞으로 자율주행 기능의 폭은 점점 넓어질 것이다. 미국과 싱가포르에서는 2016년 하반기부터 자율주행 택시 시범 운행을 개시했다. 우리나라는 2017년 가을부터 광화문과 판교에서 무인 셔틀 운행을 개시할 예정이다. 앞으로 자율주행 기술의 진행 속도는 우리의 예상을 뛰어넘을지도 모른다. 과학 기술은 종종 우리의 생각보다 빨리 진보해왔다.

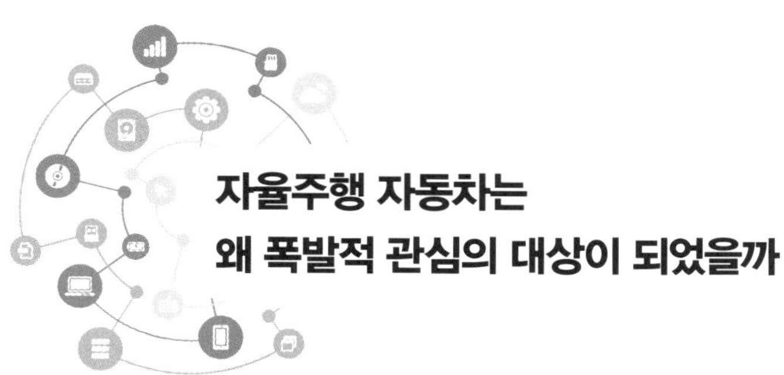

자율주행 자동차는
왜 폭발적 관심의 대상이 되었을까

수많은 과학 기술의 산물 중에서 자율주행 자동차가 이토록 큰 관심의 대상이 되는 이유는 무엇일까? 이는 아마도 자동차가 지닌 일상성과 위험성 때문일 것이다.

자동차는 일상적 존재이다. 자동차는 삶의 많은 부분에서 사람의 두 다리를 대신한다. 그 점에서 사람이 마땅히 누려야 할 이동의 자유를 제고하고 삶의 반경을 넓힌다. 때문에 사람들은 자동차에 반려동물과도 비슷한 정서적 애착을 느끼기도 하고, 때로는 자동차를 자신의 정체성을 나타내는 도구로 생각한다. 인류는 그 어떤 과학 기술의 산물보다 자동차에 큰 관심을 쏟아왔다. 더욱 안전하고 깨끗하며 효율적이고 만족스러운 자동차를 갈구하고 개발해왔다. 이처럼 사람의 삶과 밀접하게 결합되어 있는 자동차가 독립 선언을 했으니 사람들에게 관심의 대상이 아닐 수 없다. 비행기의 자동 항법 장치에는 별 관심

없던 사람들도 자율주행 자동차에는 큰 관심을 보인다. 이는 모두 자동차의 일상성 때문이다.

자동차는 위험한 존재이다. 우리 일상에 안착한 과학 기술 산물은 무수히 많다. 휴대폰이나 노트북을 떠올려보면 쉽사리 납득이 간다. 그런데 자동차는 휴대폰이나 노트북과 다른 점이 있다. 사용 과정에서 사람의 생명과 신체에 치명적 해악을 미칠 위험성을 안고 있다는 점이다. 자동차 관련 규제가 유달리 많은 것도 이 때문이다. 이처럼 위험한 존재가 사람의 통제를 벗어나려고 한다. 그동안 사람에게 맡겨졌던 자신의 안전이 기계로 넘어가는 혁명적 변화이다. 그 혁명적 변화 앞에 사람들은 본능적으로 두려움을 느낀다. 그래서 자율주행 자동차의 출현에 더 큰 관심을 드러내는 것이다. 바로 자동차의 위험성 때문이다.

물론 자율주행 자동차에 대한 관심에 어느 정도 거품이 있는 것도 사실이다. 하지만 자율주행 자동차 기술 개발은 앞으로도 계속 진행될 것이고, 그 결과 사회에는 상당한 변화가 초래될 것이다. 이런 변화 앞에 사회를 규율하고 심지어 선도해 나가야 할 법이 마냥 침묵을 지킬 수는 없다. 자율주행 자동차의 법적 문제에 대한 본격적인 논의가 필요하다. 이런 법적 문제는 다양한 영역에 산재해 있다.

자율주행 자동차는 선善인가

　자율주행 자동차는 인류에게 선한 존재일까? 과학 기술의 산물이 언제나 사회에 유익한 것만은 아니다. 기술 그 자체는 중립적일지 몰라도 기술의 규범적 함의는 언제나 중립적일 수 없다. 핵무기, 인공지능, 인간 복제를 떠올려보라. 이를 어떻게 바라보는가는 그 기술의 진흥이냐 억제냐의 방향성을 좌우한다. 자율주행 자동차에도 똑같은 고민이 이루어져야 한다. 자율주행 자동차는 바람직한 존재인가? 아니면 견제해야 할 존재인가? 다시 말해 우리는 자율주행 자동차를 어떻게 바라볼 것인가? 이에 관한 입장 설정은 자율주행 자동차의 법적 논의를 둘러싼 양상에도 영향을 끼친다.

　먼저 자율주행 자동차에 대한 긍정적 입장을 살펴보자. 이 입장은 안전성과 효율성이라는 두 가지 가치와 밀접하게 관련된다. 이 입장에 따르면, 자율주행 자동차는 사회를 더욱 안전한 곳으로 만든다. 제대로 설계된 자율주행 자동차가 인간의 과실로 발생하던 교통사고의 상당수를 제거하기 때문이다. 이를 통해 사회 구성원들은 자동차의 위해로부터 더욱 안전해지고, 자동차 사고로 인한 사회적 비용은 현저히 줄어든다. 자율주행 자동차는 사회의 효율성도 높인다. 사람의 운전으로부터 해방된 자동차의 시공간은 더 효율적인 일과 놀이를 위해 쓰인다. 노인이나 장애인 등 교통 약자의 이동성이 증가하고 이들 삶의 독립성이 커진다. 교통 체증은 감소하고 차량 공유는 증가한다. 환경 오염은 감소하고 주행 효율성은 증가한다. 주차 공간은 감소하고 도시 여유 공간은 증가한다. 지금까지 열거한 것들은 자율주행 자동차가 몰고 올 수많은 긍정적 변화의 일부에 불과하다.

그러나 자율주행 자동차에 대한 우려도 있다. 흥미롭게도 이런 우려 역시 안전성과 효율성에 관련된다. 이 입장에서 보면 자율주행 자동차의 안전성을 충분히 확신할 수 없다. 그리고 이에 민감하게 반응한다. 매년 세계에서 130만 명씩 교통사고로 사망하여도 무덤덤하던 사람들이 2016년 5월 테슬라 사망 사고에 경악하는 것을 보라. 결국 이는 현재의 기술 수준에 대한 회의와 불명확성에서 비롯된다. 자동차의 자율성autonomy와 함께 자동차 간의 연결성connectivity이 강조되면서 역설적으로 해킹의 위험이 더 커진다. 이는 예측할 수 없는 대규모 사고나 테러로 이어질 수 있다. 더 이상 자동차 폭탄 테러를 위해 자살할 필요가 없는 것이다. 매력적인 테러 수단이 아닐 수 없다. 자동차가 자율주행 방식으로 바뀌면서 더 높은 안전성을 갖추게 되더라도 정서적으로 사람들이 그 안전성을 신뢰하고 수용할지 장담할 수 없다. 자율주행 자동차에 대한 긍정적 입장이 내세우는 효율성도 그리 단순한 문제가 아니다. 한 방면의 효율성 증가는 종종 다른 방면의 권리나 이익 침해로 나타난다. 자율주행 자동차도 예외가 아니다. 자율주행 자동차는 엄청난 양의 정보 수집과 교환을 전제하는데, 이는 개인정보나 사생활 침해의 우려를 높인다. 또한 자기 뜻대로 움직이는 자동차에서 느끼던 지배자로서의 자존감이 박탈될 우려도 있다. 이동성의 편의 제고가 차량 증가와 도로 혼잡으로 이어질 가능성도 있다. 자율주행 자동차의 상용화가 직업 생태계에 영향을 미치면서 일자리를 잃는 사람들이 늘어난다. 완전 자율주행 단계의 사회가 정착되고 국경을 넘어선 표준 제도가 자리 잡기까지 혼란이 예상된다.

자율주행 자동차를 바라보는 긍정적 시각이 강조될수록 자율주행 자동차에 대한 규제는 가급적 완화되어야 하고, 혁신을 위한 지원은 가급적 강화되어야 한다. 자율주행 자동차에 대한 부정적 시각이 강조될수록 규제는 가급적 강화되어야 하고, 혁신을 위한 지원은 가급적 신중히 이루어져야 한다. 그렇다면 자율주행 자동차의 개발은 올바른 방향인가? 아쉽게도 현재까지는 실증 자료에 기초한 비용과 편익 분석이 이루어지고 있지 않는 것 같다. 그러나 사람의 생명과 신체에 대한 안전성 제고에 주목한다면 이런 분석에 도움이 될 수 있다. 사람의 생명과 신체는 법질서가 추구하는 인간의 존엄과 가치에 직접 봉사하는 토대로서 법질서가 가장 힘써서 보호해야 할 대상이다. 자율주행 자동차의 가치도 사람의 생명과 신체 보호라는 관점에서 접근해야 한다. 만약 현재까지 비교적 널리 받아들여지는 가정, 즉 자율

주행 자동차는 교통과 관련된 안전성을 증진시켜 사람의 신체와 생명
을 더욱 잘 보호할 것이라는 가정이 충족된다면, 자율주행 자동차 개
발은 정당화될 수 있다. 이 경우 자율주행자동차와 관련한 법제도의
기본 방향도 금지와 억제 본위로 흘러서는 안 된다.

자율주행 자동차와 책임

종래 자동차 사고로 인한 책임 배분은 궁극적으로 법관에 의해 사후적으로 이루어졌다. 물론 교통 법규와 배상 법규가 있지만, 사고의 잘잘못을 가리기 힘들면 최종적으로 법관의 판결에 따라 결론을 내렸다. 하지만 자율주행 자동차 시대에는 예측 가능한 모든 상황을 사전에 고려하고 이에 맞추어 미리 프로그램을 짜야 한다. 판단의 시점이 사후에서 사전으로, 판단의 주체가 법관에서 프로그래머로 이동한다. 종래에는 법관에게 맡기자는 말 한마디로 뭉갤 수 있던 문제가 이제는 사전에 모든 법리와 상황을 검토하고 숙의하여 결론을 내려야 하는 문제로 변모되었다. 구체적 판단 기준, 특히 윤리적 딜레마를 안고 있는 상황에서 적용되는 판단 기준 등 어려운 문제들이 산적해 있다. 이런 책임 논의가 정리되지 않으면 자율주행 자동차가 이 사회에 안착하기에는 어려움이 있다. 이런 책임 배분 체계는 사고 예방과 사고로 인한 피해 회복을 극대화하는 원리에 따라 설계되어야 한다. 아울러 이런 책임 배분 체계가 혁신을 부당하게 제약하지 않도록 해야 한다.

자율주행 자동차의 책임 문제는 여전히 불명확성으로 점철되어 있다. 자율주행 자동차의 관여 주체가 늘어나고 자동차와 자동차, 자동차와 도로 사이의 연결성이 증가되면서 책임 주체는 다원화되고 인과관계의 불명확성은 증가한다. 하나의 교통사고가 일어나더라도 운전자, 운행자, 제조사, 부품 공급사, 소프트웨어 제작사, 정보 제공자, 도로 관리자, 자동차 매도인, 자동차 수리 업체 등 수많은 책임 주체의 책임이 동시다발적으로 문제가 된다. 또한 그 책임 소재를 밝히고 책임을 배분하는 작업이 복잡해진다. 사전적인 위험 배분의 필요성이 강조되는 이유이기도 하다. 그러면 자율주행 시대에는 누가 어떤 법적 책임을 부담하게 될까?

본래 교통사고 상황에서 1차적인 책임 주체는 자동차의 운전자이다. 특히 도로교통법이나 교통사고처리특례법 등 형사 책임과 관련해서는 운전자가 중요한 의미를 가진다. 그런데 자율주행 시대에는 이런 법적 체계가 송두리째 뒤바뀔 수 있다. 자동차를 운전하는 것은 운전자가 아니라 자동차 스스로이기 때문이다. 물론 완전 자율주행 단계에 도달하기 전에는 운전자도 일정한 역할을 수행한다. 그 범위 내에서는 여전히 운전자가 법적 의미를 가질 것이다. 그러나 운전자가 완전히 축출되는 그날, 운전자 중심의 법체계는 종언을 고할 것이다.

자동차 보유자는 여전히 책임 주체로 남아 있을 가능성이 있다. 우리나라에는 자동차손해배상보장법이 있다. 이 법에 따르면 "자기를 위하여 자동차를 운행하는 자", 즉 자동차 운행자는 거의 무과실책임에 가까운 넓은 책임을 부담한다. 교통사고 피해자를 두텁게 보호하기 위함이다. 그리고 자동차 보유자에게는 그 운행으로 인한 손해 배상 책임에 관한 보험이나 공제 가입 의무를 부과한다. 자율주행 자동차에 대해서도 자동차 보유자가 자동차 운행자인가는 법적으로 따져봐야 할 문제이다. 그러나 기존 논의에 따르면 여전히 자동차 운행자의 지위가 인정될 가능성이 높다. 따라서 법을 고치지 않는다면 자동차 보유자는 여전히 책임을 부담하게 될 것이다.

자율주행 시대에 새롭게 떠오르는 책임 주체는 자동차 제조사이다. 자동차 주행의 주도권은 사람인 운전자로부터 제조물인 자동차로 옮겨간다. 따라서 자동차 주행 중 일어나는 사고도 사람인 운전자의 과실이 아니라 제조물인 자동차 결함으로 발생할 가능성이 높아진다. 그러므로 자율주행 자동차 시대에는 제조물 책임의 중요성이 더욱 증가할 것이다. 예를 들어 자율주행 알고리즘에 잘못이 있거나, 주변 상황을 인지하는 라이더Lidar에 이상이 있어서 교통사고가 발생하거나 확대되었다면 제조사가 제조물 책임을 져야 한다. 그동안 자동차 제조물 책임이 인정된 사례는 많지 않다. 심지어는 급발진 사고에서도 제조물 책임은 인정되지 않았다. 그러나 자율주행 시대에는 제조사의 법적 책임은 중요한 문제로 등장한다.

그 외에 도로 관리 주체도 책임 주체의 대열에 본격적으로 합류한다. 현재 개발 중인 자율주행 자동차는 지능형 교통 시스템C-ITS과 결합하여 자율주행을 구현할 가능성이 높다. 우리나라에서도 국토교통부 주도로 첨단 IT 통신과 자동차 및 도로 기술이 융·복합된 '스마트 하이웨이' 건설 사업이 전개된 바 있다. 만약 지능형 교통 시스템의 관리 잘못으로 교통사고가 발생한다면, 그 교통사고의 피해자는 국가나 지방자치단체를 상대로 손해 배상을 청구할 수 있다. 종전에도 국가가 지방자치단체가 도로를 제대로 관리하지 못하여 책임을 부담하는 경우가 있었다. 그러나 자율주행 시대에는 도로의 물리적 하자가 아닌 소프트웨어의 하자가 문제될 가능성이 높다. 자동차에서 소프트웨어가 차지하는 비중이 커지면서 소프트웨어 설계자나 공급자의 책임도 문제된다. 자동차와 자동차, 자동차와 도로 관리 시스템, 자동차와 외부 통신 기기 사이의 연결성이 높아지고 해킹 등 보안 사고의 위험성도 커지면서 네트워크 관리 주체나 해커의 책임 문제도 등장한다. 자율주행 시대에는 그만큼 책임 주체가 다원화되고 그들 사이의 책임 배분도 복잡하게 전개될 가능성이 높아진다.

그런데 이 모든 논의를 뒤덮을 만큼 중요한 영역이 있다. 바로 보험이다. 현재 자동차 사고로 인한 책임 문제는 대부분 보험 문제로 연결된다. 자율주행 시대에도 마찬가지일 것이다. 신속하고 확실한 피해 회복을 담보하는 보험 제도는 자율주행 자동차가 이 사회에 안착하는 데 매우 중요한 역할을 할 것이다.

보험 제도와 관련해서는 향후 여러 가지 고민이 필요하다. 첫 번째, 책임 보험의 범위이다. 현재는 자배법상 운행자 책임에 관하여 책임 보험이나 책임 공제의 가입이 의무화되어 있다. 그런데 자율주행 자동차 사고로 인한 책임의 무게 중심이 제조물 책임으로 이동한다. 제조물 책임 보험의 의무화 논의가 필요하다.

두 번째, 보험 상품의 다양화이다. 책임 주체가 다원화되고 사고 발생 원인이 복잡해지면서 이에 부응하여 더욱 다양한 책임 보험 상품이 출시되어야 한다. 운행자 책임으로 사실상 일원화되어 있는 현재의 자동차 보험 체계가 운행자 책임과 제조물 책임으로 이원화될 경우, 궁극적인 구상 의무자의 의무 이행을 담보하기 위한 구상 보험 제도가 필요할 수도 있다. 또한 자동차의 연결성 증가에 대응하여 해킹으로 인한 사고 위험성도 증가할 수 있는데, 이에 대응할 수 있는 새로운 보험 상품이나 보장 사업 개발도 요구된다.

세 번째, 보험료 산출 방식의 정립이다. 제조물 책임 보험료를 누가 부담해야 할까? 보험료는 보험금 원가(사고당 손해액) 및 사고 발생률에 영향을 미치는 요인들의 연간 변화 상황을 반영하여 산출한다. 따라서 보험료는 매년 새롭게 결정된다. 하지만 자율주행 자동차 제조사는 자동차 판매 시 이를 고객에게 전가하고자 할 것이다. 이때 신차 대금에 포함될 제조물 책임 보험료는 기존 자율주행 자동차의 사고에 따른 제조물 책임률을 고려하여 산정될 것이다. 새로운 자율주행 자동차 구입자가 기존 자율주행 자동차 사고로 인한 위험을 부담하는 것이다.

네 번째, 우선적인 피해 회복의 제도화 필요성이다. 자율주행 자동차의 사고 원인을 규명하는 데는 시간이 걸릴 수 있다. 피해자에게는 사고 원인 규명 전에도 일단 전액을 보상하는 보험 제도가 요구된다.

이런 전폭적인 피해 보상 제도는 회복과 혁신의 이념을 동시에 충족시킬 것이다. 예방의 이념은 보험자가 책임 주체에게 구상하여 궁극적인 책임을 부담시킴으로써 추구할 수 있다. 국가 또는 특별 기구가 이러한 위험을 1차적으로 인수하는 방안을 고려해볼 필요가 있다. 그 재원은 책임 보험료 중 일부를 적립하여 마련하거나 자동차 구입 시 세금 형태로 마련할 수 있다.

이렇게 거시적인 책임 법제의 개편 못지않게 구체적이고 개별적인 상황에 대한 책임 배분 기준의 연구도 중요하다. 당장 자율주행 자동차에 탑재할 소프트웨어의 알고리즘을 짜기 위해서는 예상 가능한 모든 상황에서 자율주행 자동차가 어떻게 반응해야 하는지 규범적 판단이 선행되어야 한다. 특히 윤리적 문제가 결부된 어려운 사안에 대해서는 전문가들의 심층적인 검토와 사회적 합의를 형성해가는 것이 필요하다. 부분적 자율주행 단계에서는 자동차와 인간 사이의 세밀한 책임 배분 문제가 더욱 중요해진다. 따라서 이는 자동차의 자율성과 인간의 자율성 사이의 상호 관계에 달려 있다. 두 자율성이 공존하는 기간 동안 책임 배분 구조는 복잡해질 것이다. 인간이 자율주행 장치의 사용을 거부했는가? 자율주행 장치가 사용되는 동안 인간은 어떤 주의를 기울였는가? 자율주행 장치가 인간이 개입할 상황을 충분히, 적시에 알려주었는가? 자율주행 장치와 인간 중 누가 정보를 잘못 해석했는가? 이와 같은 다양한 상호 책임 전가 상황에서 블랙박스 같은 EDR_{Event Data Recorder}의 역할이 커질 것이다. 이는 피해자가 손해 배상을 받는 것이 좀 더 복잡해질 수 있다는 의미이기도 하다.

장기적으로는 법적 책임뿐만 아니라 법적 부담에 대한 배분 체계도 확립되어가야 한다. 자율주행 자동차와 관련된 세제가 어떻게 설계되어야 할까? 가령 자율주행 자동차로 인하여 일반 대중이 혜택을 입는다면 일반 대중에게도 관련 세금을 부과할 수 있을까? 또한 자율주행 자동차의 보험료 부과는 어떤 기준에서 누구에게 어떻게 이루어져야 할까? 이렇게 각종 세금이나 보험료, 공과금 부담도 넓은 의미의 책임 배분 체계를 논의하는 데 다루어져야 할 의제들이다.

자율주행 자동차와 규제

자율주행 자동차는 새로운 도전이자 혁신이다. 여기에는 위험성이 수반된다. 위험성이 있는 곳에는 규제가 뒤따른다. 따라서 자율주행 자동차에서는 규제가 중요한 문제이다. 따라서 규제를 할 것인가 그 여부는 여기에서 물음의 대상이 될 수 없다.

중요한 것은 규제의 정도이다. 어느 정도의 규제를 할 것인가는 자율주행 자동차 상용화에 직접적인 영향을 미친다. 가령 자율주행 자동차가 도로에 나올 수 있도록 할 것인가, 운전자가 적극적으로 운전에 관여하지 않아도 되도록 할 것인가, 자율주행 자동차와 관련된 도로를 설계하고 건설하는 주체에게 어떤 강제 사항을 부과할 것인가 등은 모두 자율주행 자동차의 도입 속도에 직접적인 변수가 된다.

또한 규제의 시기와 방식도 중요하다. 예컨대 유럽은 자동차가 시장에 진입하기 전에 안전 승인을 받게 하는 경향이 있다. 따라서 규제 관청의 인증을 받지 못한 자율주행 자동차는 시장 진입이 봉쇄된다. 반면 미국은 자가 인증 방식self certification approach을 취하여 법령에서 정한 자기 인증 절차에 따라 업체가 스스로 안전 기준에 적합함을 인증하면 시장 진입을 허용한다. 대신 그 후 제품에 결함이 발견되면 전 제품을 회수하는 방식을 취한다. 국가는 가이드라인을 제시하되 그 가이드라인 준수에 관한 기업의 자율성을 중시하면서 사후에 문제가 생기면 제품의 시장 유통을 금지시키는 방식이다. 이는 민간의 자율성을 얼마나 중시할 것인지, 또 어느 단계에서 어떤 방식으로 국가가 규제할 것인지에 대한 관점 차이를 보여준다.

아직까지 자율주행 자동차에 대한 규제 논의는 초보 단계이다. 자율주행 자동차는 대부분 연구소나 캠퍼스 안에 머물러 있어서 아직 사회에 직접적인 영향을 미치지 않기 때문이다. 그러나 현재의 자율주행 기술 발전 속도에 비추어보면 자율주행 자동차에 대한 규제 문제는 시급하게 다루어져야 할 과제이다.

자율주행 자동차도 자동차이므로 자동차에 관한 일반적인 규제가 적용된다. 한편 자율주행 자동차에 특유한 규제도 필요하다. 우리나라에서는 국토교통부가 "자율주행 자동차 상용화 지원에 필요한 자동차 관리 및 안전에 관한 사항", "자율주행 자동차 등 첨단 미래형 자동차의 안전 운행요건 등 운행(임시 운행을 포함한다)에 관한 사항", "자율주행 자동차 등 첨단 미래형 자동차의 안전 기준 및 안전 기술의 개발·운영"에 관한 사항을 관장한다. 이를 위해 자동차관리법과 그 하위 법령에서 자율주행 자동차 임시 운행에 관한 규제 내용을 담고 있다. 이에 따르면 자율주행 자동차를 시험·연구 목적으로 운행하려는 자는 허가 대상, 고장 감지 및 경고 장치, 기능 해제 장치, 운행 구역, 운전자 준수 사항 등과 관련하여 국토교통부령으로 정하는 안전 운행 요건을 갖추어 국토교통부 장관의 임시 운행 허가를 받아야 한다(자동차관리법 제27조 제1항). 이 경우 임시운행 허가의 기간은 5년 이내로 한다(자동차관리법 시행령 제7조 제4항). 임시 운행 허가를 위해서는 국토교통부 장관이 정한 성능 시험 대행자로부터 안전 운행 요건에 적합하다는 인정을 받아야 한다(자동차관리법 시행규칙 제26조의2 제2항). 그 안전 운행 요건도 별도로 상세하게 정하고 있다(자동차관리법 시행규칙 제26조의2 제1항). 또한 국토교통부고시(제2016-46호)인 『자율주행 자동차의 안전 운행 요건 및 시험 운행 등에 관한 규정』은 안전 운행 요건에 관한 추가적인 세부 사항을 규정하고 있다. 이 규정에서는 자율주행 자동차의 제작 대상 및 방법(제3조), 보험 가입(제4조), 사전 시험 주행(제5조), 시험품 및 관련 자료 제출(제6조), 자율주행 자동차의 표지 부착(제8조), 조종 장치(제10조, 제11조), 표시 장치(제12조), 기능 고장 자동 감지(제13조), 경고 장치(제14조), 운전자 우선모드 자동 전환(제15조), 최고 속도 제한 및 전방 충돌 방지 기능(제16조), 운행 기록 장치와 영상 기록 장치 등(제17조. 제18조), 탑승 인원(제19조), 연결 자동차 금지(제20조) 등에 대한 내용을 담고 있다.

최근 미국에서는 미국도로교통안전국(NHTSA: National Highway Traffic Safety Administration)과 교통국(DoT: Department of Transportation)이 2016년 9월 『연방 자율주행 자동차 정책(Federal Automated Vehicles Policy)』을 발표했다. 이 보고서에는 자율주

행 자동차에 관한 각종 가이드라인을 제시하고 있다. 이 가이드라인의 목적은 자율주행 자동차로 인한 안전성 문제를 제고하고 이를 둘러싼 불안을 해소하는 한편, 관련 산업 발전을 가속화하는 것이다. 이 보고서는 자율주행 자동차 제조사가 자율주행 자동차를 일반 도로용으로 출시하기 전에 자발적으로 작성해야 할 안전평가 보고서에 포함될 항목을 담고 있다. 이는 향후 자율주행 자동차와 관련하여 어떤 영역에서 규제가 이루어져야 하는지에 대한 잣대이기도 하다. 항목은 아래와 같다.

1. 데이터 기록과 공유(data recording and sharing)
2. 사생활 보호(privacy)
3. 시스템 안전(system safety)
4. 차량 사이버보안(vehicle cybersecurity)
5. 인간과 기계의 인터페이스(human machine interface)
6. 충돌 안전성(crashworthiness)
7. 소비자 교육과 훈련(consumer education and training)
8. 등록과 인증(registration and certification)
9. 충돌 후 행동(post-crash system behavior)
10. 연방, 주 및 지방 법률(federal, state and local laws)
11. 윤리적 고려(ethical consideration)
12. 작동 설계 범위(operational design domain)
13. 사물 및 상황 인지와 대처(object and event detection and response)
14. 고장 시 위험 최소화(fall back(minimal risk condition))

향후 규제와 관련해서는 제조사뿐만 아니라 운전자의 안전 조치에 대한 쟁점들이 본격적으로 부각될 것이다. 이는 주로 운전자에 관한 규제를 담고 있는 도로교통법을 중심으로 논의될 것이다. 자율주행 자동차의 주행 안전성이 사람 운전자의 주행 안전성과 비교하여 더욱 높아질수록 이런 규제의 비중은 상대적으로 더욱 커진다. 특히 자율 주행 자동차가 본격적으로 보급되면 사람들의 운전 능력이나 긴급 상황 대처 능력은 상대적으로 더욱 떨어질 수 있기 때문이다.

완전 자율주행 단계에 이르기 전에는 자율주행과 수동주행 사이의 원활한 제어권 전환이 핵심적인 안전성 쟁점으로 등장할 것이다. 마치 기어가 부드럽고 안전하게 변속되는 것처럼 인간과 자동차 사이의 상호 작용이 부드럽고 안전하게 이루어지게 해야 한다. 이를 위해서는 상호 작용에 필요한 프로토콜을 정하고, 그 프로토콜에 따라 자동차 제조와 기술 개발이 이루어져야 하며, 필요한 교육이 이루어져야 한다. 자동차-휴먼 인터페이스의 기능도 향상되어야 한다. 당분간 부분적인 자율주행 자동차가 판매, 운용될 것이라는 점을 생각하면 이에 관한 안전성 제고와 그 안전성에 대한 신뢰성 제고가 자율주행 자동차 산업 연착륙에 결정적인 영향을 미칠 예정이다.

제조 단계의 규제뿐만 아니라 관리 단계의 규제 중요성도 높아질 것이다. 가령 자동차 소유자가 구입 이후 관련 소프트웨어를 적절하게 업데이트하거나, 자동차 수리업자가 자동차를 수리하는 과정에서 자율주행 자동 기능을 적절하게 점검하고 관리하는 등 자동차 출시 이후 자율주행 자동차를 안전한 상태로 유지하는 것에 관한 규제가 더욱 정밀하게 요구될 것이다.

커넥티드 카connected car의 특성상 개인정보와 프라이버시, 정보 보안 문제가 첨예하게 등장하고, 이에 따른 규제 필요성도 증가할 것이다. 자율주행 자동차의 취약한 정보 보안은 안정성 확보에 가장 큰 위협 요소이다. 미국 매사추세츠 상원의원인 에드워드 마키Edward J. Markey는 2015년 2월 발간한 『Tracking & Hacking: Security & Privacy Gaps Put American Drivers at Risk』라는 보고서에서 정보 보안 문제가 심각하다고 지적한다. 이 보고서에서는 ① 시판되는 자동차 대부분은 해킹이나 프라이버시 침해에 취약한 무선 통신 기술을 탑재하고 있으며, ② 대부분의 자동차 제조업체들은 과거 발생한 해킹 사고를 인지하지 못하거나 제대로 보고하지 못했고, ③ 자동차에 대한 원격 접근을 제어하는 보안 조치들은 자동차 제조업체들마다 일관되지 않고 무계획적이며 이에 관련된 질문을 충분히 이해하지 못했다는 점 등의 내용을 담고 있다. 실제로 정보 보안과 관련해서는 해킹에 대비하기 위한 규범적, 관리적, 기술적 조치에 대한 가이드라인 제시, 해킹이 발생한 이후의 사후 조치와 책임 문제, 해킹으로 인하여 발생할 손해를 부보하기 위한 보험 문제 등 법적으로 수많은 쟁점들이 산재해 있다. 향후 해킹과 관련된 규제와 책임 문제는 자율주행 자동차의 핵심 쟁점이 될 것이다.

자율주행 자동차의 주행 안전성이 사람 운전자의 주행 안전성과 비교하여 더욱 높아질수록 사람의 운전에 대한 규제 논의가 늘어날 것이다. 언제나 자율주행 자동차의 주행 안전성이 사람 운전자의 주행 안전성보다 높다면 사람 운전자가 아예 주행에 개입하지 못하도록 운전대나 브레이크 등 주행 개입 장치를 없애는 쪽이 좋다. 반면 자율주행 자동차의 주행 안전성을 100% 담보할 수 없다면 사람 운전자가 주행에 개입할수록 운전대나 브레이크 등 주행 개입 장치를 설치하는 쪽이 좋다. 자율주행 자동차의 발전 방향에 대해서도 두 가지 상반된 시각이 존재한다. 한쪽에서는 아예 사람의 개입을 막는 자율주행 자동차를 개발해야 한다는 입장이고, 다른 쪽에서는 사람의 개입이 열려 있는 자율주행 자동차를 개발해야 한다는 입장이다. 이는 자율주행 단계에 따라 달라질 수 있다. 부분 자율주행 단계에서는 돌발 상황에서 운전자가 주행에 개입해야 한다. 반면 완전 자율주행 단계에서는 운전자가 주의를 기울이거나 주행에 개입할 필요가 없고, 심지어 운전자의 탑승조차 필요하지 않다. 이 단계에 이르면 사람 운전자의 주행 개입이 필요 없을 뿐만 아니라 주행 개입 시도 자체가 규제 대상이 되어야 한다. 장기적으로는 사람의 운전에 대한 규제 필요성은 높아질 것이다. 특히 자율주행 자동차가 본격적으로 보급되면 사람들의 운전 능력이나 긴급 상황 대처 능력은 상대적으로 더욱 떨어진다. 일상적인 운전 행위를 통하여 이런 능력을 개발시킬 여건이 되지 않기 때문이다.

향후 과제

  자율주행 자동차는 대체로 인간의 자유를 신장하고, 사회의 안전성과 효율성을 제고하여 사람의 삶을 더욱 좋은 방향으로 가꾸는 데 도움을 줄 것이다. 기술 발전 수준, 법제 정비 상황, 도로 등 자율주행 인프라의 구축 정도, 소비자 인식, 사회적 수요, 경제성 등 여러 가지 변수에 영향을 받겠지만 결국 자율주행 자동차 시대는 곧 도래할 것이다. 법률가들도 이 시대에 걸맞은 역할을 요구받을 것이다. 이를 위해 법률가들은 과학 기술, 입법론, 법제의 혁신 감수성에 대한 관심을 더욱 키워야 한다. 아울러 섣부른 입법보다는 충실한 논의와 중장기 계획 수립이 필요하다. 입법도 중요하지만 그 거름이 되는 논의의 축적도 중요하다. 또한 입법 시기도 중요하다. 자율주행 단계에 따른 단계적 입법이 요구된다. 기존 법제와의 정합성도 높여야 한다. 이를 위한 중장기적인 입법 로드맵의 구성이 필요하다. 자율주행 자동차가 몰고 올 사회적 그림자에 대한 입법적 배려도 고민해야 한다. 특히 자율주행 자동차가 인간 공동체에 연착륙할 수 있도록 자율주행 자동차의 사회적 수용성을 높여야 한다. 기술은 혼자서 빨리 달려가서는 안 된다. 사회와 인간과 손잡고 같이 가야 한다. 법 제도도 중요한 연결고리이다. 이렇게 본다면 자율주행 자동차는 우리에게 많은 법적 과제를 던져주고 있다. 이제는 법적 과제에 대해 좀 더 조직적이고 치밀한 논의와 지원이 시작될 때이다.

5장

페이 전쟁의 시대

이준희
변호사

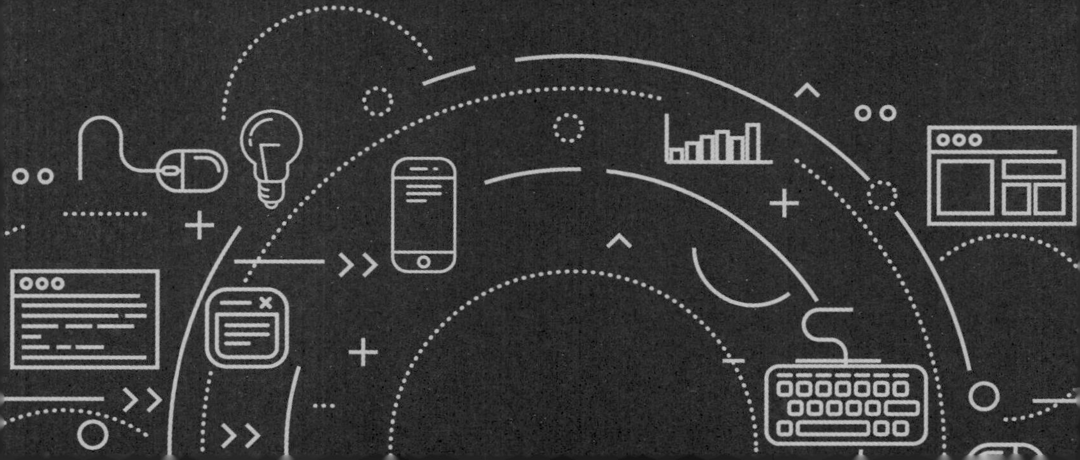

페이 전쟁의 시대

바야흐로 페이 전쟁 시대이다. 어느 순간부터 ○○페이라고 하는 단어가 여기저기서 들리기 시작했고, 온라인이나 오프라인 결제 시장에 조금이라도 관심이 있거나 스마트폰으로 온라인 쇼핑을 하는 세대의 사람들에게 이 단어나 서비스는 더 이상 낯설지 않다. 또한 그렇지 않은 사람들도 어디선가 '삼성페이', '네이버페이', '카카오페이' 같은 단어를 종종 듣고는 한다.

이렇게 '○○페이' 서비스 모델이 갑자기 치열한 경쟁의 모습으로 나타난 것은 그리 오래된 일은 아니다.

잠시 시간을 거슬러 몇 년 전 온라인 쇼핑 당시의 모습을 돌이켜보자. 이용자의 PC상에서 온라인 쇼핑몰을 둘러보다가 장바구니에 물건을 넣고, 결제 버튼을 누르면 그때부터 온라인 결제 대행업자[1]의 창이 뜬다. 그런 다음 결제 모듈과 각종 보안 프로그램이 액티브 엑스

Active-X 플러그인 형태로 나의 PC에 강제 설치가 되고(그 과정에서 수 차례의 브라우저 종료와 재부팅은 덤이었다), 이런저런 약관과 설명에 동의하고 나서 카드 번호와 CVC 번호, 카드 비밀번호 등 여러 가지 정보를 일일이 집어넣고 인증을 거쳐서 결제할 수 있었다.

금액이 좀 크면 (그 말도 많은) 공인인증서를 통한 인증 절차까지 거쳐야 했고, 이후 그나마 약간의 절차를 생략할 수 있는 방법을 고안한 끝에 금융감독원의 양해하에 '안심클릭' 또는 'ISP 간편결제'라는 이름의 서비스도 나왔다. 물론 별도의 비밀번호 설정 절차가 번거롭기도 하고 별개의 사설 인증서를 등록하여 사용하는 모델ISP: Internet Secure Payment이라 그리 간편하지 않다거나 안심할 수 없다는 비판도 많았다.

이와 같은 온라인 신용카드 결제 메커니즘의 배후에는 사실 한국 특유의 온라인 쇼핑 시장의 발달 과정, 이에 따른 온라인 결제 대행(중개)업자의 합법화 과정과 그 업자들의 기술 경쟁과 표준화, 전자 금융거래에 대한 금융감독 당국의 촘촘한 규제와 보안성 심의 규제, PKI 기술에 기반한 공인인증 기술의 표준화 및 전자 금융거래에서의 사용 강제, 마이크로소프트의 윈도우windows 운영 체제와 인터넷 익스플로러internet explorer 웹 브라우저의 과도한 시장 점유율 등 다양한 문제가 복합적으로 존재하고 있었다.

이런 '간편하지 않은 간편 결제'의 문제, 그리고 이를 대체하기 위한 사업자들의 노력에 대한 금융감독 당국의 보수적·방어적인 규제 운영을 둘러싸고 꾸준히 비판이 제기되었다. 특히 국경의 구분이 없는 온라인 쇼핑 시장의 특성상, 우리나라 이용자들이 해외 주요 사업체

(아마존, 구글 등)의 편리한 온라인 결제(Amazon의 One-click payment 등)를 경험하게 되면서 이런 '한국형' 또는 '갈라파고스' 형태의 결제 프로세스에 대수술이 필요한 상황이었다.

그러던 중 유명한 '천송이 코트' 사건(2014. 3.)이 벌어진다. 즉, 박근혜 정부는 창조경제의 일환으로 금융규제 개혁을 통한 산업활성화 정책을 추진하게 되는데, 2014년 3월 20일에 열린 '규제개혁 끝장토론'에서 박근혜 대통령이 "불필요한 규제 때문에 중국에서 천송이 코트를 구입하지 못한다"라는 발언을 통해 범정부적 대책 마련을 주문한 사건이다. 이에 따라 정부는 "전자상거래 결제 간편화 방안"을 발표하게 되었으며, 2015년까지 공인인증서 의무 사용 규정 폐지, 액티브 엑스 컨트롤 폐지, 30만원 이상 결제 시에도 대체 인증 수단 허용, 적격 PG회사에 대한 카드 정보 저장 허용, 보안성 심의의 원칙적 자율화 등의 조치가 이루어졌다.

사실 2013년 당시 외국인들이 한국 쇼핑몰을 이용하지 못한 것은 공인인증서와 액티브 엑스 컨트롤이 주된 이유는 아니었다. 당시 몇몇 유명 쇼핑몰은 해외 접속을 위한 영문 사이트를 열고 해외 결제업자를 통한 결제가 가능한 상태였지만, 한국 쇼핑몰 대부분은 영문 사이트를 오픈하지 않은 상태였다. 결국 '천송이 코트'는 그다지 정확한 원인 분석에 따른 이슈 제기는 아니었으나 결과적으로 한국의 전자상거래와 금융거래 발전에 어느 정도 기여한 셈이다.

한편, 이런 정부의 강한 추진 의지에 따라 미래창조과학부, 방송통신위원회, 금융위원회는 합동으로 전자결제 프로세스에서 액티브 엑스를 걷어내는 사업을 진행하기 시작했다. 문제는 2014년도 연말까지 성과를 내기 위해서는 공인인증을 포함한 기존의 본인 인증 프로세스와 솔루션의 근본적인 교체가 현실적으로 불가능했다는 점이다. 이에 따라 결국 액티브 엑스 컨트롤을 'exe' 파일 형태의 어플리케이션으로 교체하는 웃지 못할 일이 벌어졌는데, 공무원의 성과주의에 따라 오히려 보안상으로도 취약하고 프로세스에 부담도 큰 방식을 도입했다는 비판이 거세게 제기되었다.[2]

이와 같은 우여곡절 끝에, PC기반 또는 모바일 기기 기반의 전자상거래 결제에서 편의성 구현에 장애가 되었던 제도적 장애는 어느 정도 해소되었다. 사실 사용자의 선호도가 PC에서 모바일 기기로 급속도로 이동하면서 기존의 여러 불편한 규제들은 모바일 OS상에서 기술적 구현 자체가 어려운 상황이기도 했다. 이런 상황에서 2014년도 후반부터 각종 페이 서비스가 우후죽순처럼 출시되기 시작한 것이다.

아줌마, 여기 ○○페이 하나 추가요!

이런 페이 서비스는 서비스 사업자의 유형과 서비스의 구체적인 내용 및 범용성 등에 따라 각양각색이라 일률적으로 설명하기는 어렵다. 따라서 사업자 유형에 따라 분류하여 설명하는 것이 가장 이해하기 편할 것 같다. 물론 이와 같은 분류가 절대적이거나 그 구분이 꼭 명확한 것은 아니다.

먼저 온라인 플랫폼 또는 포털 사업자가 주도하는 형태로서, 네이버의 네이버페이와 카카오의 카카오페이를 들 수 있다. 이 모델은 기존의 플랫폼을 기반으로 이용자들로 하여금 여러 가맹점, 즉 온라인상 제휴 쇼핑몰에서 쉽게 연동된 결제를 할 수 있게 한다.

한편, 해외 사업자가 운영하는 모델로는 애플의 애플페이와 구글의 안드로이드페이를 들 수 있는데, 이런 모델은 포털에서 진화된 어플리케이션 또는 웹형 플랫폼을 기반으로 한 네이버페이나 카카오페이와

는 달리 모바일 디바이스의 운영 체제iOS, Android를 기반으로 한 결제 서비스이다.[3]

이와 달리 순수한 하드웨어 기반의 페이 서비스로는 삼성페이를 들 수 있다. 삼성전자가 공급하는 스마트폰에 기본적으로 설치되는 어플리케이션을 통해 구동되는 결제 서비스이다. 기술적으로는 기존의 앱카드와 유사한 결제 어플리케이션어, FIDO 인증 기술에 기반한 지문 인증 또는 홍채 인증 같은 생체 인증 기술을 접목한 페이 서비스라고 볼 수 있다. 최근 출시된 LG페이도 같은 유형에 속한다.

그 외에도 기존의 PG업자들이 출시한 애플리케이션 형식의 범용성 페이 서비스(페이코, 페이나우), 특정한 쇼핑몰을 기반으로 한 쇼핑몰 종속형 페이 서비스(SSG페이, 티돈페이, 스마일페이, 옐로우페이, 배민페이 등)도 존재한다.

이처럼 기존의 신용카드 결제 유저인터페이스UI를 기반으로 하여 일부 선충전 기능을 탑재한 페이 서비스들이 쏟아져 나오고 있다.

이에 더하여, 카드 업계에서는 앞서 열거한 페이 서비스에 대응하여, 고객과의 접점을 상실하지 않기 위한 노력의 일환으로 앱카드나 유심 카드 방식의 모바일 카드 서비스를 선보이고 있다. 바야흐로, 페이 홍수 시대, 즉 페이 전쟁 시대이다.

그럼 이런 페이 전쟁은 왜 일어나고 있을까? 그리고 누가 승자가 될까? 페이 전쟁은 기본적으로 스마트폰과 같은 모바일 디바이스의 발달 및 생활화와 밀접한 관련이 있다. 즉, 스마트폰의 생활화에 따라 모바일 환경 자체가 장터Marketplace 플랫폼이자 간편한 결제 수단의 통합적인 성격을 가지게 되었고, 이에 따라 기존의 실물 신용카드나 은행 계좌 이체를 기반으로 한 상거래 결제와 금융거래가 급속도로 모바일 환경으로 편입되었다. 이런 이용자들의 수요를 기반으로 이용자의 마음을 빼앗기 위한 각종 페이 서비스가 출시되고 있는 것이다.

그렇다면 페이 전쟁의 현상을 들여다보고 미래를 예측하기 위해서는 페이 서비스, 즉 새로운 시대의 지급 결제 서비스의 본질과 구성 요소를 살펴볼 필요가 있다.

페이 서비스 제조법: 필수적 구성 요소

지급 결제[4], 특히 상거래의 대금 지급은 이용자의 지급 의사를 전제로 한다. 어느 이용자가 어떤 금액을 지급하는 행위를 하기 위해서는 먼저 이용자, 지급 상대방, 지급 중개자, 이 세 가지 요소가 필요하다. 상거래에서 지급 상대방은 '가맹점'이 되며, 지급 중개자는 은행일 수도 있고(계좌 이체), 신용카드사일 수도 있으며(카드 결제), 상품권 회사나 에스크로 업자일 수도 있다.

어느 경우든, 실물 화폐를 직접 만나서 주지 않는 이상, 이와 같은 구성 요소의 존재는 필수적이다. 따라서 페이 서비스가 성공하기 위해서는 많은 이용자들이 서비스를 사용해야 하고, 그 페이 서비스를 통하여 대금을 받고 물건을 판매하는 가맹점이 많아야 하며, 지급 중개자의 원활한 서비스 운영과 관리가 전제되어야 한다.

그리고 이런 페이 서비스의 구체적인 내용은 실제 이용자의 자금이 사용되는 시기와 결제가 일어나는 시기의 관계에 따라 선불 서비스, 직불 서비스, 후불 서비스로 나누어볼 수 있다.

먼저 선불 서비스는 실제 이용자의 자금이 사용되어 가치가 충전된 후 필요에 따라 결제가 일어나는 경우(선불 카드, 선불 전자 지급 수단)이다. 직불의 경우 두 시기가 거의 동시에 (직불 카드, 계좌 이체) 또는 가까운 시기에 (체크카드) 일어나는 경우고, 후불 서비스는 일단 결제가 일어난 후 일정한 시기 이후에 자금 인출이 일어나는 경우를 말한다. 후불 서비스를 위해서는 일정 기간의 신용 공여가 발생하는데, 이를 기반으로 한 서비스 모델이 바로 신용카드이다.

그리고 이런 거래를 위해서는 거래 수단, 즉 지급 수단을 표창하는 유·무형의 정보 또는 수단이 필요할 것이다.

누구에게나 익숙한 방식으로서, 오프라인 거래에서는 실물 카드, 즉 신용카드나 체크카드가 널리 사용되어왔다. 이를 위해 카드 회사-VAN 사업자 + 포스POS 단말기 결제 시스템의 일반적인 구조가 구현되고 이용되어왔다.

한편, 생활의 중심이 오프라인에서 온라인으로 급속히 이동하면서, 온라인에서 사용할 수 있는 지급 수단을 선점하기 위한 여러 가지 시도가 있었다. 바로 모바일 카드 또는 앱 카드 같은 카드 정보의 변형 형태나 등록된 실물 카드 정보에 기반하여 기존 플랫폼 이용자의 아이디와 비밀번호를 기반으로 구현하는 각종 페이 서비스 등이 나타난 것이다.

특히 삼성페이는 삼성전자가 자체적으로 구현한 시스템상의 이용자 아이디와 단말기 정보 및 지문을 기반으로, 루프페이의 근거리 MST 인식 기술을 구현한 단말기 자체가 이런 지급 수단의 역할을 대신하기도 한다.

그렇다면 가장 이상적인 페이 모델은 다음과 같은 페이 서비스 요소를 가장 완벽하게 갖춘 모델이 될 것이다. 그 요소는 다음과 같다.

- 이용자: 신용카드와 같은 기존의 지급 수단을 가지고 있는 이용자뿐만 아니라, 쓸 수 있는 자금이 있는 사용자들이 쉽게 충전이나 이체를 통해 자유롭게 쓸 수 있는 기능이 필요할 것이다.
- 가맹점 : 온라인·오프라인에서 쉽고 편하게 사용할 수 있는 가맹점이 많이 확보되어야 한다.
- 지급 수단 : 아이폰·안드로이드 운영 체제상에서 범용성 있게 구현될 수 있어야 하며, 실제 결제 실행 시에 간편하고 이용자 친화적인 사용자 환경(UI)과 사용자 경험(UX)에 따라 이용할 수 있어야 한다(주로 오프라인 결제에서 문제가 되는데, MST, NFC, 바코드, QR코드 등 여러 방식이 나와 있다).
- 신용 공여 : 선불 기능, 직불 기능뿐만 아니라 신용카드와 유사한 기능도 탑재되어야 한다.
- 보안성 : 이용자 인증, 결제 인증, 결제 정보 처리 등에서 정보 보호 기능이 완벽하게 구현되어 부정 사용, 도용, 사기 등의 가능성이 최소화되어야 한다.

한편, 이와 같은 지급 결제, 즉 전자상거래의 대금 결제 기능에 더하여 '송금' 기능이 페이 모델의 주요 요소로 나타나기도 한다.

사실 송금과 지급 결제는 본질적으로 다른 개념은 아니다. 금원, 즉 금전적 가치가 이전되는 것은 동일하지만, 그 이유가 상거래의 대가 지급인지 아니면 다른 이유에 의한 일방적인 지급인지에 따라 나뉠 뿐이다. 하지만 금융 관련 법령의 연혁적인 이유, 즉 경상 거래와 자본 거래를 다른 것으로 취급하는 금융법의 기본 태도와 전자금융거래법의 제정(2006) 과정에서 당시 이미 시장에 존재하던 온라인 결제 브로커를 양성화하여 별도의 등록 단위로 구성했던 사정 등에 따라, 현재의 법제는 온라인 자금 이체와 온라인 상거래 지급 결제를 나누어 별개로 규율하고 있다.

널리 알려진 대로, 송금 거래를 포함한 우리나라의 전통적인 인터넷 뱅킹 거래는 공인인증서의 의무 사용, 금융실명제 등의 문제로 매우 기술적으로 까다롭게 구현되었으며 소비자 친화적이지 못한 UI·UX의 문제가 지적되어왔다.

이에 대해 현실의 자금 이체 방법 대신에 전자금융거래법상 선불 전자 지급 수단 발행업자 등록을 하고, 선불 전자 지급 수단을 발행하여 양도, 환급하는 방식으로 실질적인 소액 자금 이체를 구현하는 방식이 활용되기 시작했다.

금융결제원이 상용화한 뱅크 월렛 카카오를 선구자로, 네이버페이, 토스, 카카오페이, 페이코 등의 서비스가 이런 송금 기능을 구현하고 있다. 사실 이런 송금 기능은 페이 서비스의 근본적인 요구 사항은 아니라고도 할 수 있지만, 사용자 경험 ux를 통한 고객의 플랫폼 종속 또는 액티브 유저군의 확보를 위하여 큰 의미를 가지는 것으로 해석된다. 특히 이러한 선불 전자지급 수단 기능은 송금뿐만 아니라 각종 포인트의 발행과 관리를 통한 통합 포인트형 마케팅 등에서 매우 유용하게 사용될 수 있다.

결국, 현재 벌어지고 있는 페이 전쟁은 위와 같은 요소를 얼마나 완벽하게 구현하는지, 그리고 이를 기반으로 얼마나 다수의 이용자를 확보하는지에 달린 싸움이라고 볼 수 있다. 그리고 아직은 위와 같은 요소를 모두 완벽하게 갖춘 모델은 나타나지 않았다. 그러나 모든 사업자가 어떤 방식으로든 위와 같은 범용성을 구현하기 위하여 혁신과 노력을 아끼지 않고 있는 상황이다.

몇 가지 서비스 모델 사례

먼저 플랫폼 사업자 모델인 카카오페이이다. 카카오페이는 기본적으로 '국민 메신저'라 불리는 카카오톡을 기반으로 앱인앱 형태로 구현되어 있다. 따라서 엄청난 규모의 잠재적인 이용자 풀을 가지고 있다. 카카오페이는 최초에는 금융결제원이 은행 공동으로 개발하여 상용화한 뱅크 월렛과 제휴한 모델인 뱅크월렛 카카오(송금 기능), 그리고 LG CNS가 개발, 운영하는 결제 모듈을 브랜드화한 카카오페이 두 가지 형태로 나누어 출시되었다. 그러나 최근에는 자체적인 선불형 송금 모델과 결제 모듈을 통합한 형태로 운영되고 있으며, 공과금 결제 기능, 통합 포인트 지갑 기능 등을 결합한 종합 커뮤니티 결제 서비스 형태로 나아가고 있다. 특히 최근에는 알리페이에 의한 대규모 투자 및 분사 뉴스가 발표되기도 했다.[5]

그러나 카카오페이는 오프라인 결제, 즉 가맹점 부문에서는 큰 범용성을 누리지 못하고 있다. 자체적으로 확보한 가맹점 수가 그다지 많지 않은 것이다. 다만 카카오택시와 같은 모빌리티(O2O) 서비스에 카카오페이를 연결하려는 시도를 끊임없이 하고 있기에 향후 오프라인 쪽의 확장성을 눈여겨볼 만하다.

또 하나카드 등 대형 카드사와 제휴하여 카카오페이 브랜드 체크카드를 출시했다. 그러나 브랜드·적립형 체크카드에 가깝고 실제 카카오페이 계정과 연동하여 결제가 이루어지지는 않는 것으로 보인다. 요약하면 아직 오프라인 시장에 대한 결제 서비스가 완벽하게 구현되고 있지는 않는 셈이다.

네이버페이를 살펴보자. 국내 최강의 포털 사이트인 네이버를 기반으로 출시된 네이버페이는 자체 결제 서비스로서는 비교적 늦은 시기에 출시되었다. 다른 앱 기반 결제 서비스와 달리 네이버페이는 웹 기반 결제 서비스를 모바일에 구현한 것으로, 지급 결제와 송금 서비스를 동시에 구현하고 있고 네이버 쇼핑, 즉 스토어팜을 기반으로 한 중소 온라인 가맹점에 막강한 화력을 뽐내고 있다. 또한 후발 주자이면서도 최근에는 대형 온라인 쇼핑몰에서 사용할 수 있는 결제 수단으로서도 상당히 공격적인 성과를 내고 있는 것으로 보인다. 다만, 카카오페이와 마찬가지로 오프라인 결제 진출이 문제이다.

최근에는 교통 결제 서비스인 캐시비와의 제휴, 세븐일레븐과의 제휴를 통한 잔돈 충전 서비스, 신한카드와의 제휴를 통한 네이버페이 체크카드(카카오페이처럼, 실제 네이버페이 계정과 연동 기능은 없고, 실계좌 기반 체크카드로서 포인트 적립 기능만 있다) 등을 통한 오프라인 가맹점

진출을 모색하고 있으나, 역시 오프라인에서 완전한 상용화는 아직 이루어지지 않은 상황이다.

한편, 보통 사람들에게 ○○페이 하면 가장 먼저 떠오르는 것이 바로 삼성전자의 삼성페이이다. 삼성전자가 제조하는 고급형 안드로이드 기반 스마트폰에서 구동되는 삼성페이는 기본적으로는 신용카드를 등록하여 모바일 결제 목적으로 사용한다는 점에서 다른 앱 기반 서비스들과 유사한 측면이 있다. 그러나, 삼성전자의 지문 인식 기술을 기반으로 한 FIDO 인증 기술에 의한 생체 인증이 결제 비밀번호를 대신한다는 점, 삼성전자가 인수한 루프페이Looppay의 기술을 통한 마그네틱 카드 단말기 인식MST 방식의 오프라인 결제를 범용화했다는 점이 기존의 페이 서비스와는 크게 다른 점이다.

다만, IC방식 단말기의 본격적인 도입에 따라 마그네틱 카드 인식 방식의 단말기가 향후 시장에서 퇴출될 예정이라는 점이 하나의 위험 요소라 볼 수 있다. 실제 이용자들이 오프라인 거래에서 삼성페이를 이용하여 결제하는 것이 기존의 신용카드 결제에 비해 이용자 경험상 큰 장점이 없다는 것 등도 단점으로 꼽히고 있다. 그러나 한국에서 상당히 큰 점유율을 차지하고 있는 삼성전자 스마트폰에서 필수 구동되는 플랫폼이라는 측면에서 온·오프라인 범용성을 확보한다면 상당한 시장 지배 효과가 예상된다는 점에서 주목할 필요가 있다.

한국사이버결제KCP가 운영하는 페이코PAYCO 모델은 PG업자가 운영하는 서비스 중 상당히 범용성 확보에 성공한 모델로 꼽히고 있다. 기존의 KCP 결제 네트워크를 기반으로, 오프라인 가맹점 확보 및 송금 기능 상용화에 중점을 두고 있다.

한편, 기존 카드사들도 이를 그냥 보고만 있지는 않다. 실제 다수의 카드사가 공통으로 개발한 앱 카드 모듈을 기반으로 개별 카드사들은 당사 카드에 전속된 앱 카드 서비스를 상용화하고 있다. 타사 카드를 사용할 수는 없다는 점에서 한계가 있으나 QR코드나 일련번호를 통한 PC기반 결제, 지문 인식 기술을 통한 아이폰·안드로이드폰 공통 모바일 결제 등 사용자 친화적인 환경을 구축함으로써 이와 같은 시장의 경쟁에 대응하고 있는 것으로 보인다. 특히 개별 대형 쇼핑몰과의 제휴를 통하여 별도의 로그인 절차 없이 간편한 결제 프로세스를 구축한 현대카드의 페이샷Payshot 서비스도 눈여겨볼 만하다.

이상의 설명을 요약하면, 결국 현재까지 출시되어 상용화된 여러 페이 서비스는 기본적으로 전통적인 신용카드 결제 구조를 기반으로 구성되기는 했으나, 선불 전자 지급 수단 발행업 등록을 통한 선불 충전 기능, 은행과의 제휴를 통한 계좌 이체 결제 기능을 연계하고 오프라인 가맹점 사용처 확보를 시도함으로써, 전반적인 통합형 지급 결제 수단 플랫폼 구축을 향해 각고의 노력을 하고 있는 상황이다. 그러나 아직 오프라인 가맹점 확보를 통한 범용성 확보에 애를 먹고 있다는 점, 기존의 신용카드 결제 구조에 기반한 신용카드사(또는 은행) – PG-VAN사의 계단식 수수료 배분 구조를 벗어나지 못해 페이 서비스 자체만으로는 별도의 수익화monetization가 어렵다는 점을 문제로 꼽을 수 있다.

무엇을 위한 페이 전쟁인가

페이 서비스는 기존의 세분화, 파편화된 지급 결제 수단의 이용 방식이나 구조를 혁신하여, 상거래 결제와 송금, 온·오프라인 결제, 선불·직불·후불 형태를 망라한 통합적인 플랫폼을 구축하려는 시도라고 정의할 수 있다.

그렇다면 왜 개별 사업자들은 스스로의 사업적인 지위나 방향성의 차이에도 불구하고 이와 같은 페이 서비스 구축에 매진하고 있는 것일까? 더구나 아직까지 뚜렷한 수익화가 이루어지지 않은 상황에서 천문학적인 마케팅 비용이 지출되고 있고, 실제 몇몇 서비스가 도태되어가는 상황이다. 그럼에도 개별 사업자들—금융 회사, 플랫폼 사업자에서 유통업자에 이르기까지—은 플랫폼의 범용성 확보, 즉 이용자 확보와 종속성_{lock-in} 확보를 위한 시도를 멈추지 않고 있다. 왜 그런 것일까?

먼저 소극적인 의미에서 급격히 변화하는 지급 결제 서비스 시장에서 주도권을 확보 또는 유지하고, 도태를 피하려는 몸부림의 성격이 있다. 모바일 기기 확산에 따른 상거래 결제 시장의 급격한 온라인·모바일화, 오프라인·신용카드 결제에 익숙한 40대 이후 세대와는 확연히 다른 20~30대의 소비 패턴 변화, 특히 이미 온라인을 생활 공간으로 출발한 전혀 다른 소비 습관을 가진 10대의 성장 등, 향후 급격한 시장 구조의 변화 및 통합은 이미 예견되어 있다. 이런 상황에서 기존 서비스 모델에 안주하는 것은 바로 급격한 이용자 이탈과 시한부 종말을 속수무책으로 기다리는 것과 다름없다는 위기 의식이다. 특히 기존 금융 회사(신용카드사), PG 사업자, VAN 사업자가 가장 심각한 상황에 놓여 있다고 볼 수 있다.

다음으로 이용자 확보 및 이용자 결제 정보Spending information의 집적, 이에 따라 생성되는 이용자의 소비·결제 데이터 확보와 활용에서 우위를 선점하기 위한 것이다. 바야흐로 현재는 빅데이터의 시대라고 하지만, 아직도 사실 사업상 개별 이용자의 가장 유의미한 정보는 해당 이용자의 행태behavior에 기반을 둔 각종 정보이다[6]. 그런데, 이런 특정 이용자 또는 일반화된 빅데이터에서 가장 화룡점정을 이루는 것이 바로 결제 정보이다. 어느 이용자 또는 일군의 이용자 집단이 어떤 상황에서 돈을 '지른다'라는 정보는 바로 모든 비즈니스 모델의 수익화 모델 구성에서 결정적인 의미를 가지기 때문이다. 모든 사업자들이 군침을 흘릴 만한 것이고, 이미 상거래나 온라인 서비스 분야에서 독보적인 지배적 권력을 가진 애플, 구글, 페이스북, 아마존닷컴 등의 글로벌 사업자들이 지급 결제 시장 진출을 위해 수년간 각고의 노력을 해온 것도 이와 무관하지 않다. 지급 결제 시장과는 별다른 관련이 없는 삼성전자가 삼성페이에 천문학적 투자를 하고 있는 것도, 좁게 보면 스마트폰 이용자의 종속성을 확보하여 판매량을 확보하려는 의도도 없지 않겠지만, 넓게 보면 결국 이런 이용자 정보의 관점에서 플랫폼OS 사업자에 밀리지 않겠다는 의도도 엿보이는 것이다.

더 나아가 좀 더 미래를 상상해보자. 이미 자율주행차, 인공지능AI 기술, 커넥티드 카는 미래에 대한 상상 속의 것이 아니다. 향후 3~5년 내에 급진적으로 상용화될 것이 명약관화하다. 이런 모든 신기술은 결국 이용자인 사람의 행동activity이 네트워크 종속화·자동화된다는 것을 의미한다. 그런 관점에서 모든 서비스 플랫폼에 가장 밑바탕이 되어야 할 기능이 바로 '지급 결제'이다. 즉, '4차 산업혁명'에서 승자가 되기 위해서는 반드시 지급 결제 플랫폼의 지배력을 확보해야 하는 것이다. 이미 글로벌 결제 네트워크 사업자의 위상을 가진 비자VISA 와 마스터카드Mastercard가 추진하고 있는 여러 새로운 결제 기술과 서비스, 블록 체인과 같은 신기술 도입 등도 이와 같은 맥락의 일환으로 이해해볼 수 있다.

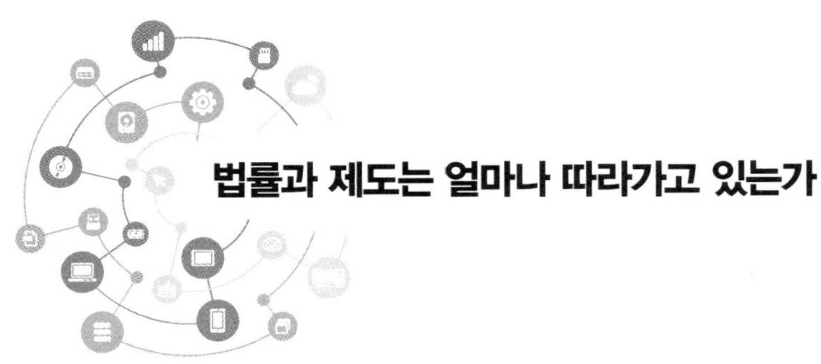

법률과 제도는 얼마나 따라가고 있는가

자, 다시 우리나라의 법과 규제 상황으로 돌아와보자. 2014년부터 불기 시작한 '핀테크'의 바람 속에서 상당히 많은 규제가 혁파된 것처럼 포장하는 목소리가 있다. 물론 인증 방법의 자유화, 보안성 심의 자율화 등이 시장에 던진 파장과 영향을 과소평가하는 것은 옳지 않다[7]. 그러나 근본적인 문제는 좀 더 신중히 살펴보아야 한다.

세세한 규제를 모두 나열하여 비판하기는 어려우나, 앞으로 나아가야 할 방향을 생각하는 큰 그림의 측면에서 다음과 같은 문제 정도를 지적해볼 수 있다. 물론 이외에도 발전과 개선이 필요한 문제는 수도 없이 많다.

빅데이터 규제와 활용

사실 가장 큰 문제는 결국 사상 유례없이 엄격한 개인정보 보호 규제 혁신을 통한 빅데이터 활용의 활성화일 것이다. 지난 2013년에 벌어진 국내 카드3사 개인정보 유출 사태가 바로 우리나라 신용카드 결제 정보의 관리 소홀에 기인한 것이었다. 이를 기화로 개인 신용 정보 보호 규제가 한층 더 엄격해진 연혁적인 문제가 있고, 특히 지급 결제 서비스와 관련된 개인 신용 정보 활용은 너무나 민감하고 어려운 문제이다. 그러나 이 책의 다른 장에서도 언급되지만, 이 부분은 결국 결제 산업 활성화와 발전, 그리고 그 이면에서의 소비자 권리 보호라고 하는 두 가지 과제를 어떻게 조율하여 규제를 설계할 것이냐는 문제로 접근해야 한다[8].

논의의 중심에는 빅데이터 규제와 활성화 이슈가 있다. 즉, 일정한 비식별화 조치를 거친 정보에 관하여 자유로운 이용을 보장하여 통계나 학술 목적으로 사용하도록 한다는 것이다. 이에 관하여 범 정부 차원의 '개인정보 비식별화 가이드라인'이라는 행정 가이드라인이 발간되었으나, 지나치게 엄격한 규제와 절차를 담고 있어 현재는 거의 이용되지 않는다. 금융위원회에서는 올 하반기에 개정 작업을 추진할 예정이라고는 하지만 실제로 어느 정도 현실화가 이루어질지는 지켜볼 부분이다.

또 한 가지 놓치면 안 되는 대목은, 비식별화가 아닌 이용자 개개인의 정보 활용 또한 구체적이고 단선적인 동의 중심의 규제에 따라 활용이 대단히 어려운 상황이라는 점이다. 개인정보의 주체로서 갖는 자기정보결정권은 원하지 않는 노출과 공개로부터 자기 정보를 보호할 수 있다는 통제 권한의 측면도 있다. 그러나 자기 정보를 활용하여 자신에게 유익한 편익과 서비스가 제공되기 위해서는 정보 활용을 적극 허용하고 요구할 권리라는 측면도 있음을 놓쳐서는 안 된다. 이를 위해 현재와 같이, 제공 목적, 제공하는 상대방, 제공 기간 등의 형식적인 요건을 빽빽하게 기재하고 형식적인 클릭만 받게 하는 옵트인_{opt-in} 방식의 개인정보 활용 규제는 전면적으로 손질할 필요가 있다.

이원화된 규제 체계

온라인에서 이루어지는 금융거래를 규율하기 위한 일반법으로 '전자금융거래법'이 존재한다. 실제 전통적인 금융 회사가 아닌 IT회사들이 등록하여 영위하는 전자 금융업(PG나 선불업 포함)은 모두 이 법의 규제를 받는다. 그런데 오프라인 지불 수단인 신용카드나 직불카드, 선불카드는 인가를 받은 금융 회사인 신용카드사 전속 서비스로, '여신전문금융업법'의 규율을 따른다. 원래 '신용카드업법'이라는 단독 법령으로 규제되다가 할부 금융사 등 다른 대출 전문 회사와 함께 통합법의 일부로 편입된 것이다.

신용카드가 일부 단기간의 소액 신용 공여 기능을 전제로 한 것이라는 점에서 이런 입법에 타당성이 없는 것은 아니다. 하지만 신용 공여 기능과 상관 없는 다른 지급 결제 수단(직불카드, 선불카드 등)까지 한꺼번에 묶어버렸다는 점에서 상당한 문제를 유발하고 있다. 특히 제반 행위 규제가 '여신 업무'에 집중하여 엄격히 통제되고 있기 때문에, 여신 업무와는 별 상관이 없는 혁신적인 사업 모델이나 서비스가 활성화되기 어렵다는 문제도 발생하고 있다.

더구나 온·오프라인의 구분이 급격히 무너지고 모바일 중심의 지급 결제 시장으로 재편된다는 관점에서 보면 이와 같은 이원화된 규제 체계는 수많은 문제점을 안고 있다. 오프라인 PG 허용 문제, VAN 사업자의 전표 수집 대행 수수료를 둘러싼 분쟁, 선불카드에 기반을 둔 간편 송금 모델의 허용 여부, PG의 하위 가맹점의 법적 지위와 보호, 거래 투명성 확보 문제 등, 법의 이원적 규율에 따라 발생하는 실무적인 문제는 매우 많다. 결국 '통합지급결제수단법(가칭)' 제정을 통하여 해결해야 하는 문제라고 생각한다.

'상거래의 결제를 위한 자금의 지급'과 '송금'은 근본적으로 다른 것이 아니다. 물론, 연혁적인 관점에서 우리나라의 금융 제도는 실물 거래에 기반을 둔 결제, 즉 '경상 거래'와 실물 거래 없는 자금 이체 거래, 즉 '자본 거래'를 엄격히 구분하여 파악하는 태도를 보인다. 즉, 약간의 과장을 섞어 이야기한다면 경상 거래는 (카드깡이나 돈세탁 등의 수단으로 악용되는 경우를 제외하고는) 원칙적으로 실물 경제 발전에 수반하는 것으로서 '원칙적으로 정당한 거래'라는 관점에서 통제했다고 본다면, 자본 거래는 그런 기반 없이 이루어지는 가치의 이전 거래로서 '필요악' 또는 뭔가 의심스럽다는 관점에서 출발하고 있는 것이다.

그런데 페이 서비스와 관련되는 시장을 들여다보면 엄청난 규모의 자본 거래가 아닌, 기껏해야 1인당 한 달에 몇 십만 원에서 몇 백만 원 정도의 거래가 일어나는 세그먼트 시장이다. 굳이 이런 규모의 시장에 대한 규제 체계로서 상거래 결제와 송금을 구별할 필요는 없다. 오히려 선불 형태(예치금 수취에 따른 재무 건전성이라는 관점의 통제가 필요하다), 직불 형태(프로세스형으로 거래 투명성 확보 및 유동성 확보라는 관점의 통제가 필요하다), 후불 형태(신용 공여형으로 과도한 신용 공여 금지, 고객의 신용 가치 보호 등이라는 관점의 통제가 필요하다)로 구분하여 규제하는 것이 타당하다.

그럼에도 한국은 기존의 신용카드사, 2000년대 초반에 출현한 온라인 쇼핑몰 결제 브로커를 양성화한 PG, 오프라인에서 신용카드사의 아웃 소싱을 받아 통합 가맹점 관리와 전표 수거, 결제 단말기 관리를 도맡아 수행한 VAN 사업자, 에스크로업자, 전자고지업자 (관리비 수납 대행 등) 등, 그때그때 상황에 맞춰 규제 대상을 정하고 있다. 나쁘게 말하면 주먹구구식 규제 체계로, 당연히 규제의 공백과 모순이 발생할 수밖에 없다. 미국이나 일본의 사례처럼 결제·자금 이동업자와 선불업자로 나누어 규율하는 것이 타당하다.

외환 규제

또 하나의 문제는 외환 규제이다. 우리나라의 외환 규제는 크게 나누면 다음과 같다. 외환을 엄격히 통제하여 외화 수입과 반출을 엄격하게 인허가제로 관리하던 개발도상국 시대의 규제, 그리고 IMF금융위기 이후 외환 자유화에 따라 외환의 흐름flow 관리를 위한 신고제에 초점을 맞추어 운영하면서 급격한 환율 변동 등에는 시장 관리로 대응하는 최근의 규제로 나누어볼 수 있다. 쉽게 말하면, 현재 이루어지는 외환 규제의 기본 체계, 특히 소액의 경상 거래와 송금 거래에 관한 규제는 외환의 수출입을 통제한다는 관점보다는 통계적인 수치 파악과 관리라는 관점에서 운영되어야 맞다. 페이 서비스의 최종적인 이상향은 바로 국경 없는 페이 서비스일 것이다. 이를 위해서는 자유로운 외환 송금과 외화 결제 서비스 구축이 절실하다. 현재는 국내 시장 내 페이 서비스 경쟁과 (핀테크 스타트업에 의해 비트코인 거래를 기반으로 설계된) 간편 외화 송금 서비스가 별개로 발전하고 있는 양상이지만, 최근의 외국환거래법 개정과 2017년 예정된 외국환거래법시행령 등의 개정에 따라 이런 서비스들은 더욱 통합된 형태로 나타날 가능성이 커 보인다. 그런데 최근 비트코인 기반 외화 송금의 불법성에 대한 엄격한 입장이 공표되는 등, 기존 외환 규제 당국(기획재정부와 한국은행)의 눈높이 차이는 상당해 보인다. 조금 더 탄력적인 규제 개선과 위기 관리가 조화를 이루어야 할 때이다[9].

누가 최후의 승자가 될 것인가
: 지급 수단 통합을 위한 제언

다시 페이 서비스로 돌아와 보자. 앞에서 살펴본 수많은 법령과 규제, 제도적인 문제점에도 불구하고 각 사업자들은 저마다 이용자 친화적이고 플랫폼 종속적인 페이 서비스를 상용화하기 위하여 각고의 노력과 투자를 아끼지 않고 있다. 결국 온라인과 오프라인을 통합하고 이용자와 가맹점을 충분히 확보하며 국내외에서 범용성을 확보하고 제반 지급 수단을 통합하여 사용할 수 있는 이상적인 페이 서비스 모델의 출현은 시간 문제일 수도 있겠다.

과연 누가 최후의 승자가 될까? 한국에서 엄청난 비율로 지배적인 판매량을 자랑하는 삼성전자의 삼성페이가 될까? PC 기반 플랫폼에서 압도적인 지배력을 자랑하는 네이버페이가 될까? 채팅 플랫폼을 기반으로 한 소셜 네트워크상의 결제 플랫폼인 카카오페이가 될까? 아니면 신용카드사의 혁신에 따른 지배력 구축과 승리가 될까? 그렇게 천하 삼분지계가 일어날까?

사실 아직 아무도 쉽게 결과를 예측할 수 없다. 나름 전문가라는 사람들도, VAN 사업은 급격히 기반이 약화될 것이라는 점, 카드사들도 상황 변화에 맞춘 혁신을 거두지 못한다면 결국 사양 산업에 불과하다는 점, 비교적 자유로운 규제 환경에 놓여 있는 IT회사들이 더 유리한 고지를 선점할 수 있다는 점 정도로 일반적이고 거시적인 예측은 하고 있지만 개별 서비스 모델의 성공 가능성을 바라보는 정치한 분석은 아직 나와 있지 않다. 앞으로 어떻게 상황이 전개될지 예측도 어려운 것이다.

이는 필자도 마찬가지이다. 그러나 이 정도는 이야기해볼 수 있을 듯하다. 결국 이런 페이 서비스 전쟁은 이용자의 행위 기반 결제 정보에 근거한 것이고, 그 정보를 좀 더 다양하게 확보하기 위한 것이 본질이라는 관점에 비추어보면, 확실히 각각 진영의 경쟁력은 이용자에 대하여 확보하고 있는 정보와 플랫폼 주도권이 중심이 될 것이다. 그런 의미에서 아무래도 글로벌 사업자 또는 온라인·모바일 플랫폼 사업자들이 유리한 위치에 있는 것이 사실이다. 그러나 전통적인 결제 시장에서 쌓아온 경험과 오프라인 네트워크도 무시할 만한 것은 아니다. 결국 어느 단계에서는 군웅할거 시대를 지나 병합과 정복의 시대, 즉 M&A와 전략적 제휴에 기반을 둔 주도권 확보의 시대로 넘어갈 가능성이 커 보인다. 그 중심에는 가장 혁신을 이루고 이용자 친화성을 확보한 사업자가 설 것이다.

법령과 규제, 제도도 이에 발맞추어 신속하게 개선되고 발전하기를 바란다. 특히 조금이라도 사고가 발생하여 스스로 피해를 보면 안 된다는 사고에 근간한 복지부동형 승인 통제, 혁신에 따른 소비자 후생 증진은 도외시한 채 민원에 따른 불이익을 두려워하는 기득권 보호 등의 구태는 더 이상 있어서는 안 되겠다. 물론 대한민국의 정치·사회 환경과 규제 환경에서 이런 이상적인 담론이 얼마나 현실화가 가능할지는 앞으로 지켜볼 부분이다.

6장

헬라 세포와 60년 후

이원복

이화여자대학교 법학전문대학원 교수

* ‘HeLa’는 경우에 따라 ‘힐라’로 표기하기도 하지만 이 책에서는 우리나라에서
  일반적으로 통용되는 ‘헬라’로 표기하였다.

헬라HeLa 세포

의학 연구에서 인간 세포를 연구 대상으로 삼아야 하는 경우는 빈번하게 발생한다. 예를 들어 화학 물질이 생물에 미치는 독성을 연구한다거나 유전자 재배합을 통해 단백질을 인위적으로 만들어내는 경우 등이 그렇다. 그런데 영양소를 적절히 공급하면 증식하여 군집을 이루는 박테리아와는 달리, 인간 세포는 좋은 환경에서도 증식을 거듭하여 군집을 이루기는커녕 며칠을 버티지 못하고 죽어버리기가 일쑤라 과학자들을 힘들게 했다. 적어도 1951년 헨리에타 랙스Henrietta Lacks의 암세포가 등장하기 전에는 말이다.

헨리에타 랙스의 삶은 『헨리에타 랙스의 불멸의 삶The Immortal Life of Henrietta Lacks』이라는 책으로 소개되어 미국 《뉴욕타임스》 베스트셀러에 99주 동안이나 올랐다[1]. 이 책은 영화화되었고 2017년 4월 미국 유료 채널인 HBO를 통해 방영되었다. 헨리에타 랙스의 딸이자 주요 인물인 데보라 랙스_{Deborah Lacks} 역에는 토크쇼 호스트로 시작하여 이제는 미디어 재벌의 반열에 올라선 오프라 윈프리_{Oprah Winfrey}가 출연하여 화제가 되기도 했다.

1920년 미국 버지니아 주 시골에서 태어난 헨리에타 랙스는 흑인 노예의 후손으로 초등교육도 제대로 받지 못했다. 14세 되던 해 훗날 남편이 될 사촌 데이 랙스와 첫 아이를 낳은 이후로 31세가 되던 1951년까지 다섯 명의 자녀를 둔 상태였다. 그 해에 자궁 입구에 손으로 만져질 정도의 혹이 생기고 하혈이 있자 헨리에타 랙스는 미국 최고 수준의 병원 가운데 하나인 존스홉킨스_{Johns Hopkins} 병원을 찾아갔다. 그녀가 이 병원을 찾은 이유는 사실 이 병원의 명성 때문은 아니었다. 그저 여전히 인종 차별이 지독하던 당시, 인근에서 흑인을 받아주는 유일한 병원이었기 때문이다.

의료진은 헨리에타 랙스의 자궁 경부에서 조직을 떼내어 조직 검사를 의뢰했고 자궁경부암이라는 결과가 나왔다. 헨리에타 랙스는 병원에서 방사성 동위원소인 라듐과 엑스레이_{x-ray}를 동원한 방사능 치료를 받았다. 그러나 내원 당시 이미 손으로 만져질 정도로 진행된 자궁경부암을 1950년대의 의료 기술로 완치시킬 수는 없었다. 결국 헨리에타 랙스는 1951년 10월 4일 31세의 나이로 사망한다. 아무리 1950년대라고 해도 짧은 일생이었다.

31세의 나이에 요절한 헨리에타 랙스의 일대기를 그린 이 책의 제목에 모순되게도 '불멸의 삶'이라는 어구가 들어간 이유는 조직 검사를 위해 그녀에게 떼낸 암세포 때문이다. 앞에서 이야기했듯이 당시

기술로는 체외에서 겨우 며칠밖에 살릴 수 없었던 여느 세포와는 달리, 헨리에타 랙스의 몸에서 채취된 자궁경부암 세포는 체외 환경에서도 빠른 속도로 증식했고 지속적으로 생존했다. 다른 세포에서는 볼 수 없었던 불멸의 속성을 처음 발견한 존스홉킨스 대학교 연구진들은 헨리에타 랙스의 부검 과정에서 자궁경부암 세포를 추가로 채취했고, 여기서 영구히 세포를 획득하고 일부는 분리하여 분양도 할 수 있는 세포주cell line를 만드는 데 성공했다. 이 세포주는 헨리에타 랙스의 성La과 이름He의 일부를 조합해 헬라HeLa 세포라고 불렸다.

이 헬라 세포는 인간 세포를 대상으로 안정적이고 지속적인 연구를 하는 전 세계 과학자들에게 분양되기 시작했다. 심지어는 이 헬라 세포 공급을 주된 사업으로 하는 업체도 생겨났고, 헬라 세포를 연구 대상으로 삼아 탁월한 연구 성과들도 수없이 쏟아졌다. 필자가 1990년대 초반 의과 대학을 다니던 당시, 한 교수님께서 인간 세포주를 말씀하시며 특이하게 불멸의 속성을 가진 이 헬라 세포주를 언급하셨던 기억이 있다. 그러고 보면 이 헬라 세포는《뉴욕타임스》베스트셀러라는 것과는 상관없이 과학자들 사이에서는 이미 널리 알려져 있었던 것으로 보인다.

이렇듯 과학자들 사이에서는 헬라 세포가 널리 알려지기 시작했지만, 정작 헨리에타 랙스의 유족들은 1976년이 되어서야 당시 흥미로운 과학 단편 소식을 좇던 잡지《롤링스톤Rolling Stone》기자를 통해 비로소 이 사실을 알게 되었다. 자신들의 어머니 몸에서 유래한 헬라 세포주가 역사상 가장 유명하고 가장 많은 기여를 하고 있는 인간 세포주라는 것을 알게 된 자녀들의 반응은 제각각이었다. 가난했던 몇몇 아들은 헬라 세포주로 큰 수익을 올렸을 존스홉킨스 병원을 상대로 손해 배상을 받을 꿈에 부풀었다. 딸 데보라는 어머니의 세포주를 이용해서 혹시 자신의 어머니를 복제할 가능성은 없는지, 또는 이미 복제한 것은 아닌지 하는 공상에 가까운 걱정부터 했다.

존스홉킨스 병원이 헨리에타 랙스의 명시적 동의 없이 그녀의 조직으로부터 세포주를 확립하던 당시는 추후 '커먼룰Common Rule'[2]로 알려지는 인간 대상 연구 규제가 아직 제정되기 이전 시점이다. 따라서 법적 책임만 놓고 본다면 헨리에타 랙스의 조직을 치료가 아닌 연구 목적에 사용한 존스홉킨스 병원은 위법을 저지르지 않았다. 또 당시는 연구 대상자 보호를 둘러싸고 깊이 있는 논의가 형성되기 직전이고 존스홉킨스 병원의 행위가 당시 의료계의 관행을 벗어난 것도 아니었기에 도의적 책임을 묻기도 어렵다.

익명화와 동의

헨리에타 랙스의 사례는 지금으로부터 60년도 더 전인 1950년대에 벌어진 일이다. 오늘날은 이와 같은 상황이 반복되기는 어렵다. 오늘날 인체로부터 수집하거나 채취한 조직·세포·혈액·체액 등 인체 구성물 또는 이들로부터 분리된 혈청, 혈장, 염색체, DNA, RNA, 단백질 등 '인체 유래물'은 그 안에 내재된 유전체 등의 정보가 활용 대상일 뿐만 아니라 인체 유래물을 기증한 기증자의 성별, 나이, 신체 정보, 임상 정보와 결합되어 매우 유용한 연구 대상이 된다. 그러나 이때 개인의 건강과 관련된 민감한 정보가 함께 움직이기 때문에, 개인정보 보호를 위한 다양한 절차가 법적으로 요구된다. 따라서 헨리에타 랙스의 사례처럼 환자의 병을 진단하기 위해 조직을 채취하는 경우에도 일단 채취한 조직을 진단이 아닌 연구에 사용하고자 한다면 조직 기증자 보호를 위한 절차를 준수해야 한다. 기증자 보호를 위해 연구자

들에게 요구하는 절차의 구체적인 내용은 각 나라마다 조금씩 차이
는 있으나 크게 다르지 않다. 우리나라도 생명 윤리 및 안전에 관한 법
률을 통해서 폭넓고 촘촘하게 기증자 보호 의무를 규정하고 있다.

인체 유래물 기증자 보호 조치로 대표적인 것은 동의이고 다른 하
나는 익명화이다. 익명화는 그 정보의 출처가 누구인지를 알아낼 수
있는 단서를 영구적으로 삭제하거나 다른 암호로 대체하는 것을 말
한다. 예를 들어 환자로부터 추출한 조직을 인체 유래물 은행에 제공
하면서 이 조직이 어느 누구로부터 유래한 것인지를 제3자가 알지 못
하게 인체 유래물 제공자에 관한 정보를 아예 삭제하거나 인체 유래
물 제공자에 관한 정보를 암호화하는 것이다. 동의는 기증자가 자신
이 어떤 시험의 대상이 되었는지를 충분히 이해하고 그 이해에 근거
하여 자발적으로 시험에 참여하겠다는 의사, 이른바 사전 동의informed
consent를 제공하는 것을 말한다.

그런데 생명 윤리 및 안전에 관한 법률의 하위 규정인 '보건복지부
령 별표 34호' 서식을 통해 제공되는 동의서 양식은 보는 이의 고개를
갸우뚱하게 만든다. 이 동의서 양식은 일반인이 잘 알지 못하는 법령
의 한 귀퉁이에 있는 듯하지만, 실무에서는 인체 조직을 연구 목적으
로 제공하는 일반인이나 환자들에게 널리 사용되는 양식[3]이다. 이 동
의서 양식에 들어가는 설명은 옆에 나오는 박스 내용과 같다.

이 동의서 양식은 친절하게 인체 유래물이란 무엇이고 인체 유래
물을 연구 목적에 이용하도록 동의하더라도 언제든지 철회할 수 있으
며, 인체 유래물을 이용하는 연구 기관은 제공자의 개인정보 보호를

이 동의서는 귀하로부터 수집된 인체 유래물 등(인체 유래물과 그로부터 얻은 유전 정보를 말합니다)을 질병의 진단 및 치료법 개발 등의 연구에 활용하기 위한 것입니다. 동의는 자발적으로 이루어지므로 아래의 내용을 읽고 궁금한 사항은 상담자에게 묻고 질문할 기회를 가지고 충분히 생각한 후 결정하시기 바라며, 이 동의서에 대한 동의 여부는 귀하의 향후 검사 및 치료 등에 어떤 영향도 미치지 않습니다.

1. 인체 유래물이란 인체로부터 수집하거나 채취한 조직·세포·혈액·체액 등 인체 구성물 또는 이들로부터 분리된 혈청, 혈장, 염색체, DNA, RNA, 단백질 등을 말하며, 귀하의 인체 유래물을 채취하기 전에 채취 방법 및 과정에 관한 설명을 충분히 들어야 합니다.

2. 귀하가 귀하의 인체 유래물 등을 아래의 연구 목적에 이용하도록 동의하는 경우, 귀하의 인체 유래물 등의 보존 기간, 다른 사람 또는 다른 연구 목적에 대한 제공 여부, 제공 시 개인정보 처리에 관한 사항 및 폐기 등을 결정할 수 있습니다. 또한 동의한 사항에 대해 언제든지 동의를 철회할 수 있습니다. 이 경우 연구의 특성에 따라 철회 전까지 수집된 귀하의 인체 유래물 등과 기록 및 정보 등의 처리 방법이 달라질 수 있으므로 연구자로부터 별도의 설명문 등을 통해 정보를 받으실 것입니다.

3. 귀하는 이 연구 참여와 관련하여 귀하의 동의서 및 귀하의 인체 유래물 등의 제공 및 폐기 등에 관한 기록을 본인 또는 법정 대리인을 통하여 언제든지 열람할 수 있습니다.

4. 귀하가 결정한 보존 기간이 지난 인체 유래물은 「폐기물관리법」 제13조에 따른 기준 및 방법에 따라 폐기되며, 해당 기관의 휴업·폐업 등 해당 연구가 비정상적으로 종료될 때에는 법에서 정한 절차에 따라 인체 유래물 등을 이관할 것입니다.

5. 귀하의 인체 유래물 등을 이용하는 연구는 「생명 윤리 및 안전에 관한 법

률」에 따라 해당 기관의 기관생명윤리위원회의 승인 후 진행될 것이며 해당
기관 및 연구자는 귀하의 개인정보 보호를 위하여 필요한 조치를 취할 것입
니다.
6. 귀하의 인체 유래물 등을 이용한 연구 결과에 따른 새로운 약품이나 진단
도구 등 상품 개발 및 특허 출원 등에 대해서는 귀하의 권리를 주장할 수 없으
며, 귀하가 제공한 인체 유래물 등을 이용한 연구는 학회와 학술지에 연구자
의 이름으로 발표되고 귀하의 개인정보는 드러나지 않을 것입니다.

위하여 필요한 조치를 취할 것이라는 설명을 마친 다음, 맨 마지막에
"귀하의 인체 유래물 등을 이용한 연구 결과에 따른 새로운 약품이나
진단 도구 등 상품 개발 및 특허 출원 등에 대해서는 귀하의 권리를
주장할 수 없으며, 귀하가 제공한 인체 유래물 등을 이용한 연구는 학
회와 학술지에 연구자의 이름으로 발표되고 귀하의 개인정보는 드러
나지 않을 것입니다"라는 경고성 문장으로 마무리된다.

이 밑줄 친 부분은 일단 이질적이다. 보다시피 이 설명의 나머지 부
분은 모두 인체 유래물 제공자가 어떤 권리—예컨대 자신이 제공하
는 인체 유래물 및 그에 수반된 정보에 대한 결정권— 를 갖고 또 개인
정보는 어떻게 보호될 것인지를 소개하는 내용이다. 즉, 인체 유래물
제공자를 보호하는 내용이다. 이에 반하여 유독 6번 항목의 전반부
는 인체 유래물 제공자가 권리를 상실한다는 내용, 즉 인체 유래물 제
공자에게 불리한 내용이다. 제공자에게 불리한 내용이라면 읽는 이의
경각심을 불러일으킬 수 있도록 아예 1번으로 해서 처음부터 나오든
가 아니면 밑줄이나 굵은 글씨를 사용한다든가 해야 하지 않을까? 그

런데도 이렇듯 인체 유래물 제공자를 보호하는 내용들 사이에 이렇게 슬쩍 끼워 넘어가는 듯한 동의서는 그리 떳떳하지 못할뿐더러 비겁해 보이기까지 한다.

그리고 이 밑줄 친 부분이 어떤 효과를 의도하고 있는 것인지도 실은 그리 명확하지 않다. 이것이 (가) 인체 유래물을 연구 목적으로 기증하는 이상, 그 인체 유래물을 이용한 연구 결과를 토대로 개발하는 약품이나 진단 도구 등 상품 개발 및 특허 출원에 대하여 인체 유래물 제공자는 법적으로 아무런 권리를 가질 수 없는 것이 당연하다는 법적 분석을 설명하고 있는 것일까? 아니면 (나) (이 동의서에 서명하지 않았다면 모르지만) 이 동의서에 서명함으로써 인체 유래물 제공자는 앞으로 자신의 인체 유래물을 이용한 연구 결과를 토대로 개발하는 약품이나 진단 도구 등 상품 개발 및 특허 출원에 아무런 권리를 주장하지 않겠다는 권리 포기의 약속일까?

만약 (가)를 의도한 것이라면 이것을 정확한 법적 분석으로 볼 수 있을까? 연구 목적으로 제공한 자신의 신체의 일부는 (헨리에타 랙스의 불멸의 암 조직이 그랬듯) 그 조직이 직접 또는 그 조직에서 추출한 데이터가 상업화되어 가치를 갖더라도 법적으로 그에 대한 아무런 권리도 주장할 수 없는 것일까?

이와 관련해 미국 캘리포니아 주 대법원에서 내린 주목할 만한 판결이 있다[4]. 이 사건에서 매우 희귀한 백혈병을 앓고 있던 존 무어John Moore는 UCLA 병원에서 치료를 받았고 주치의인 데이비드 골디David Golde 박사는 치료를 위하여 무어의 비장을 제거했다. 당시 무어가 수술 전서명한 동의서에는 "적출된 조직을 병원 측에서 소각 처리할 수 있다"
는 문구도 들어 있었다고 한다. 그런데 정작 무어는 몰랐으나 그를 치
료한 골디 박사와 UCLA 의료진은 매우 잘 알고 있던 사실이 하나 있
다. 바로 무어의 백혈병 암세포에는 제약 회사가 치료제를 개발하는
데 사용할 수 있는 희귀한 단백질을 생성하는 특성이 있었고, 그 특성
때문에 상업적으로 큰 가치가 있다는 점이다. 무어 암세포로 세포주
를 만들고 연구를 지속하기 위해 골디 박사 등은 무어가 완치된 이후
에도, 또 그가 시애틀로 이주한 이후에도 주기적으로 로스앤젤레스
로 오게 만들어 무어의 조직을 추가로 채취했다. 그때마다 무어는 "본
인은 본인으로부터 채취한 혈액 또는 골수로부터 개발된 세포주 또는
그 어떤 제품에 대하여 본인 또는 그 피상속인이 가질 수 있는 모든 권
리를 캘리포니아 주립대학에 자발적으로 양도합니다[5]"라는 내용의
동의서를 작성해야 했다.

　이렇게 질병이 완치된 이후에도 멀리 로스앤젤레스까지 가서 이런
동의서에 서명하고 불편한 조직 채취에 응해야 했던 무어는 의심을
품기 시작했고, 결국 골디 박사 등이 자신의 조직을 상업화하고 있었
다는 사실을 간파했다. 실제로 골디 박사 등은 무어의 암세포를 이용
하여 'Mo'라는 세포주를 만들었고 이에 대한 특허를 등록했다. 그러
고는 이 세포주와 특허를 바이오텍이라는 회사에 매각하여 적지 않
은 수익을 거두었다. 골디 박사가 자신에게 이런 배경에 대해 단 한 번
도 알리지 않았으므로, 무어는 자신에게서 추출된 조직으로 골디 박
사가 만든 제품에 자신도 권리가 있다고 주장하며 소송을 제기했다.

1심에서는 골디 박사 측이 승소했지만 항소심은 1심을 파기하며 무어의 손을 들어주었다. 그러나 캘리포니아 주 대법원은 다시 항소심을 파기하며 무어의 권리를 인정하지 않았다. 무어의 동의 여부와 무관하게 일단 무어에게서 적출된 세포를 가공하여 만든 제품에 무어가 재산권을 주장할 수 있는 법리는 없다는 것이 이유였다. 다만 골디 박사 측은 무어의 조직을 채취할 당시에 이미 그의 암세포가 상업적인 가치를 지닌다는 것을 알고 있었고 이는 의사와 환자 사이의 이해 충돌을 야기할 수 있는 요소이므로, 이 점을 환자인 무어에게 충분히 고지하고 동의를 구했어야 하지만 그러지 않았기에 이에 대한 손해 배상 책임을 질 수는 있다고 판결했다.

캘리포니아 주 법이 우리나라 법과 동일하지는 않지만, 만약 우리나라에서 이런 사건이 동일하게 발생했다면 우리 법원도 크게 다르지 않은 결론을 내렸을 것이다. 의사와 환자 사이의 이해 충돌이 있는 상황에서 환자의 치료와는 무관하게 자신의 상업적 이익을 위하여 환자의 조직을 채취하는 것이라면 이를 환자에게 당연히 알려야 한다. 만약 이를 알리지 않고 환자의 조직을 채취한다면 아마도 설명 의무 위반에 따른 손해 배상 책임을 질 가능성이 높다. 다만 인체 유래물 제공자로부터 채취한 조직을 배양, 가공하여 만든 세포주나 그에 기반을 둔 특허에 대하여 인체 유래물 제공자가 직접적인 재산권을 주장하기는 어려울 것으로 보인다. 우리나라 법에 따른 분석이 대략 이렇다면 조직 제공자가 '권리를 주장할 수 없다'는 것도 완전히 정확한 표현은 아니다. 자신의 인체 유래물로 만든 상품에 대하여 소유권 같은

직접적인 재산권은 아니더라도, 경우에 따라서는 제공된 조직의 상
업적 가치를 인식했으면서도 이를 제공자에게 알리지 않은 의료 기관
등을 상대로 손해 배상 청구권을 행사할 여지는 분명히 있다고 판단
되기 때문이다.

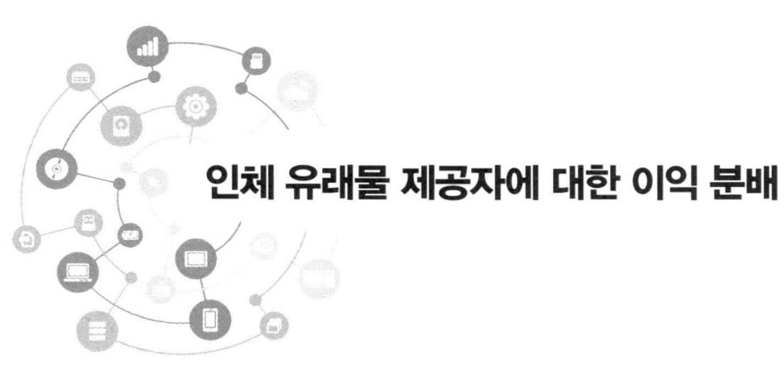

인체 유래물 제공자에 대한 이익 분배

다시 우리나라 인체 유래물 제공 동의서에 나오는 "귀하의 인체 유래물 등을 이용한 연구 결과에 따른 새로운 약품이나 진단 도구 등 상품 개발 및 특허 출원 등에 대해서는 귀하의 권리를 주장할 수 없으며"라는 문구로 돌아가보자. 이 문구가 만약 (나)를 의도한 것이라면, 즉 이 동의서에 서명함으로써 인체 유래물 제공자는 앞으로 자신의 인체 유래물을 이용한 연구 결과를 토대로 개발하는 약품이나 진단 도구 등 상품 개발 및 특허 출원에 대하여 아무런 권리를 주장하지 않겠다는 권리 포기의 의미라면, 우선 명확하지 않은 구문을 꾸짖고 싶다. 예컨대 "귀하의 인체 유래물 등을 이용한 연구 결과에 따른 새로운 약품이나 진단 도구 등 상품 개발 및 특허 출원 등에 대해서는 향후 귀하의 권리를 주장하지 않을 것에 동의하고"라고 했으면 훨씬 명확했을 것이다. 그런데 더 중요한 문제는 인체 유래물 제공자가 자신의 권리를 포기할 것인지 아닌지는 순전히 인체 유래물을 제공하는 개인과 이를 구득하여 장차 상업화까지 염두에 두고 연구에 활용하려는 연구 기관 사이에 사적 자치로 해결할 문제이다. 그런데도 이를 국가 법령에 포함된 동의서 양식에 굳이 삽입하여 우리나라 인체 유래물 제공자가 자신의 권리를 모두 포기하도록 국가가 나서서 디폴트로 강제할 필요가 있는가 하는 점이다.

바꿔 말하면 동의가 있었고 익명화가 되었다는 이유만으로 인체 유래물이나 그에 결합된 정보로부터 창출할 수 있는 경제적 이익을 오롯이 다른 사람들에게만 귀속되도록 강요하는 것이 과연 온당한 것일까?

이 점에 대해서는 필자 주변 사람들도 저마다 의견이 조금씩 다르다. 가치관의 문제이기 때문이다. 긍정하는 사람들은 이런 장치가 없으면 실제로 인체에서 유래되는 각종 정보의 상업화가 불가능해질 것을 우려한다. 헨리에타 랙스나 존 무어처럼 특이한 세포를 가진 사람이라면 일대일로 협상하여 상업화에 대한 동의를 구하는 것이 가능할 수는 있다. 그러나 빅데이터 연구처럼 불특정 다수에게서 추출한 대용량의 인체 정보를 상업화할 경우, 이런 익명화를 전제로 인체 유래물 제공자들의 권리를 차단하지 않는다면 과연 정보 개발 및 상품화가 가능하겠냐고 반문한다. 또 연구 개발자와 기업들이 만드는 진단 기구, 치료제 등은 궁극적으로는 인체 유래물 제공자들에게 도움이 될 것이므로, 거기서 인체 유래물 제공자들이 받을 혜택을 감안해야 한다고 한다.

그러나 필자는 국가가 만든 법령에 인체 유래물 제공자의 권리를 일방적으로 포기하도록 강요하는 문구가 들어간 것은 적절하지 않다고 생각한다. 이런 문구가 들어간 배경에는 우리 사회가 늘 경험하는 '산업화에 대한 조급증'도 어느 정도 작용했던 것이 아닐까 싶다. 유전 정보, 빅데이터, 바이오 뱅크 등 모두 첨단 과학 기술 영역으로, 자동차와 전자, 조선 산업에서 후발 주자들에게 급격히 따라 잡히고 있는 우리나라로서는 왠지 차세대 먹거리를 제공할 분야처럼 느껴졌을 것이다.

첨단 바이오 산업 진흥에 걸림돌로 작용할 수 있는 인체 유래물 제공자의 권리를 적당히 차단해준다면 제품 개발자에게는 분명 도움이 될 것이다. 그러나 인체에서 유래한 정보를 기반으로 만든 제품의 상업적 가치를 상업적 이용자가 독점해야 한다는 명제의 정당성은 자명하지 않다. 그 상업적 가치를 인체 유래물 제공자들과 함께 나누는 것이 그 상업화를 불편하게 만든다는 이유만으로 연구 개발 단계에 참여하는 자들만 그 상업적 가치를 독점하는 것이 정당해질 수는 없다. 독점이 정당화될 수 있는 거의 유일한 근거는 인체 유래물 제공자들이 자발적인 동의를 했다는 점이다. 하지만 장래에 자신에게서 유래한 인체 정보가 어떻게 활용되고 어떤 가치를 지닐지 전혀 알 수 없는 상황에서 제공한 백지 동의가 과연 충분히 상황을 이해하고 내린 사전 동의인지는 생각해볼 문제이다.

만약 인체 유래물이나 인체에서 유래한 정보를 기반으로 한 제품의 상업적 가치에 인체 유래물 제공자들도 일정 부분 권리를 누리는 것이 마땅하다면, 이를 구체적으로 실현하는 방법은 얼마든지 모색할 수 있다. 인체 유래물 제공자의 인격권에 기반한 강력한 금지 청구권은 인정하지 않으면서 사후에 상업적인 가치가 형성될 경우에 그에 대한 보상은 받을 수 있게 하는 기제를 충분히 고안할 수 있을 것이다. 예를 들어 헌혈자가 나중에 자신이 기증한 혈액과 동량의 혈액을 무료로 제공받을 수 있도록 보장해주는 헌혈증을 모티브로 삼을 만하다. 인체 유래물이나 그에 기반을 둔 정보는 기본적으로 연구 목적으로 활용될 경우에만 인체 유래물 제공자가 권리를 주장하지 않는 것으로 한다. 그렇게 하되, 만약 동의를 취득한 연구자들이 그 정보를 개발하여 상업화하고자 할 경우에는 국가가 운영하는 신탁에 연구자들이 상업화되는 제품으로부터 취득하는 이익—현금, 특허, 회사 지분 등—의 일정 부분을 수탁하고, 인체 유래물 제공자들은 이 신탁의 수익권을 일부 갖도록 하는 구조가 불가능하지는 않을 것이다. 어떤 형태로든 인체 유래물 제공자가 자신에게서 유래된 정보의 상업적 가치를 공유할 수 있다면, 결과적으로는 일부에서 우려하듯이 인체 정보를 기반으로 한 산업화가 더 어려워지기보다는 인체 정보를 제공하려는 기증자들이 늘어나 산업화가 더 활성화될지도 모를 일이다.

인체 유래물 제공자와 그 유래물에서 상업적 가치를 추출하는 개발자 사이의 이익 분배에 대해서는 더 많은 사회적 논의가 있어야 한다. 그러기 위해서 먼저 정부가 입법을 통하여 디폴트 룰을 제시하는 것이 옳은가에 대한 고민이 그 출발점이 되어야 한다.

7장

공개 데이터 이용과 개인정보에 대한 '권리'

이동진

서울대학교 법학전문대학원 교수

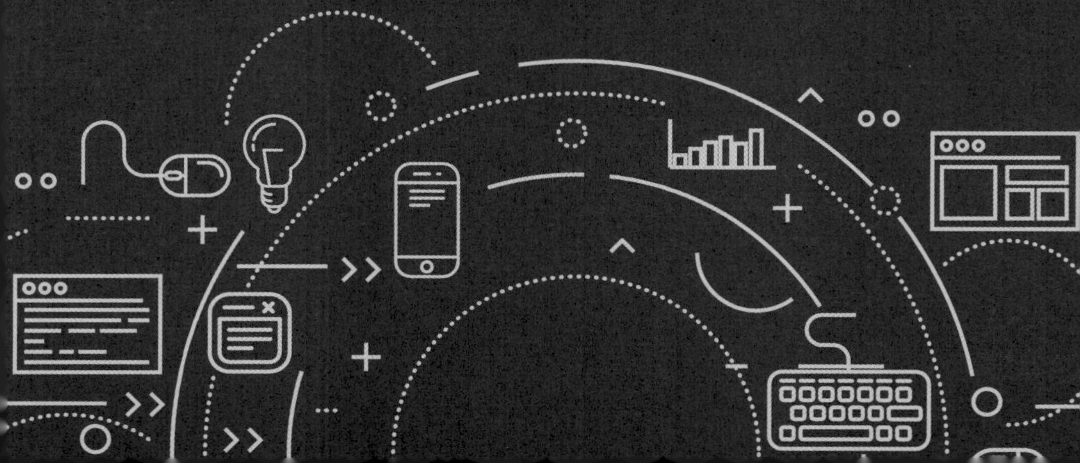

미국 컬럼비아 대학교 로스쿨에서 근무하는 마이클 헬러Michael Heller 교수는 2008년 『그리드락 이코노미The Gridlock Economy: How Too Much Ownership Wrecks Markets, Stops Innovations, and Costs Lives』라는 제목의 책[1]을 펴내 상당한 인기를 끌었다.

이 책에서 헬러는 어떤 자원을 지나치게 세분하여 여러 사람에게 나누어주면 그들 모두로부터 그 이용에 대한 동의를 받기가 어렵기 때문에 도리어 그 자원이 제대로 활용되지 않은 채 방치될 수 있으며, 실제로 오늘날 그런 문제가 여러 곳에서 나타나고 있다고 주장한다. 토지가 지나치게 세분되어 상속되면 누구도 이용하지 못하고 슬럼화를 피할 수 없다. 난치병에 상당한 효과가 있는 신약新藥을 개발해도 그 신약을 제품화하기까지 특허권자 수십 명의 동의를 받아야 한다면 그 신약은 시장에 나오지 못한다. 고전 영화를 DVD 등 새로운 매체로 옮기는 데 감독, 시나리오 작가, 출연자, 영화 음악 작곡자와 연주자 등 모두의 동의를 받아야 한다면, 그런데 심지어 그들 중 이미 고인이 있어 전 세계에 흩어져 있는 그의 상속인들에게 동의를 받아야 한다면, 그 영화를 DVD로 출시하는 일 자체를 접어야 할지도 모른다.

이와 같은 문제는 그 성질상 공유와 이용이 용이한 정보information 또는 데이터data와 관련하여 흔히 생긴다. 개인정보personal identification information에 대한 '권리' 또한 이런 문제를 발생시킬 수 있다.

누구나 큰 부담 없이 수십 테라바이트TB의 저장 용량을 확보할 수 있고, 매일 컴퓨터와 모바일 장비를 통해 수 개에서 수십 개의 사이트에 접속하여 다양한 정보를 제공하고 또 제공받는 세상이다. 날마다 방대한 양의 정보를 다른 사람이나 다른 정보 처리 장치와 주고받고 있는 것이다. 이를 하나의 데이터베이스로 만들거나, 나아가 여기에 데이터 분석 기술을 적용하면, 수십수백 개의 데이터를 한두 사람이 열심히 보는 것만으로는 알 수 없는 흐름이나 미묘한 상관 관계를 찾아낼 수 있을지도 모른다. 이미 이런 목적으로 쓰일 수 있는 방대한 양의 데이터가 존재할뿐더러 매우 빠른 속도로 늘어나고 있으며, 인터넷 등을 통하여 서로 연결되어 있다. 지난 수십 년간 인류는 그 이전 어느 시기와도 비교할 수 없을 정도로 많은 양의 데이터를 만들어내고 쌓아왔다. 이 데이터를 자동으로 수집하고 분석하는 기술도 나날이 발전하고 있다.

그러나 데이터 중 상당수는 누군가와 관계가 있는 데이터, 즉 개인정보에 해당한다. 따라서 개인정보에 대해 그 누군가에게 어떤 권리가 있다면, 그래서 그 누군가의 동의를 받아야만 쓸 수 있다면 데이터를 수집하여 가치 있는 무언가를 하려는 이는 수백에서 수백만에 이르는 사람들에게 일일이 허락을 받아야 한다. 자칫 데이터의 이용 가능성을 사실상 불가능하게 만드는 것이다.

사전 동의와 사후 규제,
공개된 개인정보의 이용

개인정보를 이용하기 위해서 꼭 그 정보에 관계된 자들의 허락을 받아야 하는가는 예전부터 개인정보 보호 분야에서 가장 격렬하게 논쟁되어온 문제이다. 예를 들자면 미국에서는 원칙적으로 반드시 사전 동의를 받을 필요는 없다. 자유롭게 이용할 수 있으되, 특히 문제되는 개인정보를 개별적으로 규제하고 그밖에는 소비자 보호 관점에서 일정한 규제를 가한다. 반면 유럽에서는 일반적으로 사전 동의를 요구한다. 우리나라는 개인정보보호법 제정으로 전자의 태도에서 후자의 태도로 전환했다. 이런 태도 전환이 무엇을 의미하는지는 공개된, 예컨대 인터넷에서 누구든 액세스할 수 있는 개인정보 이용에서 잘 드러난다. 어차피 공개되어 있지 않은 개인정보는 그 정보를 갖고 있는 사람의 동의를 받아야만 이용할 수 있다. 그렇지 않은, 공개된 개인정보는 기술적으로는 누구든 이용할 수 있다. 그러나 법 제도가 그 이용에 장벽을 칠 수 있는 것이다.

개인정보보호법 시행 전후에 나온 대법원의 두 판결이 그 입장 차이를 잘 보여준다. 2011년 대법원은 한 사업의 운명을 가르는 판결을 내렸다[2]. 로마켓LawMarket.co.kr 은 이용자들에게 변호사 정보를 유료로 제공하는 서비스를 했다. 로마켓이 제공한 서비스 중 문제가 된 것은 크게 두 가지였다. 하나는 법조인 두 명의 신상과 경력, 특히 출신지, 출신 고등학교와 대학교, 학교를 다닌 기간이 겹치는지, 그리고 겹친다면 얼마나 겹치는지, 사법연수원 기수, 그 이후 법조 경력 중 함께 근무한 일이 있는지 그 여부를 결합하여 그들 사이의 '인맥 지수'를 산출한 것이다. 이용자가 특정 법조인을 검색하면 '인맥 지수'가 가장 높은 사람부터 순서대로 보여주었다. 다른 하나는 변호사별로 사건 종류와 승패를 수집하고 일정한 방식으로 가공, 지수화하여 도출한 '승소율'과 '전문성 지수'였다. 대법원은 홈페이지에서 사건 당사자가 자기 사건의 진행 상황을 검색할 수 있도록 사건 접수 연도와 그 순번, 일정한 규칙에 따른 기호를 결합한 사건 번호를 입력하면 사건 진행과 사건명, 승패, 쌍방 변호사 등을 확인할 수 있는 '나의 사건 검색' 서비스를 제공해왔다. 로마켓은 자동으로 사건 번호를 생성하여 무작위로 이 '나의 사건 검색' 자료를 긁어오는 '봇robot'을 이용하여 약 3,500만 건의 사건 자료를 확보하고 이를 처리하여 '승소율'과 '전문성 지수'를 산출한 것이다.

이에 변호사들이 들고 일어났다. 이런 사업 유형은 변호사들의 '개인정보에 대한 권리와 인격'을 침해한다면서 서비스 중지를 요청하는 소를 제기했다. 대법원은 결과적으로 인맥 지수 서비스는 중지시켰지만, 승소율과 전문성 지수 서비스는 중지시키지 않았다. 대법원에 따르면, 인맥 지수 서비스를 중지시킨 것은 인맥이라는 개념이 지극히 사적인 영역에 속하는 친밀도에 관한 것이고, 수사나 재판이 인맥에 좌우된다는 그릇된 믿음을 강화하여 사법불신司法不信을 조장한다는 이유였다. 물론 여기서 말하는 인맥이 대법원이 말하는 것과 같은 친밀도에 대한 것이며, 그것이 지극히 사적인 영역에 속하는지는 의문을 제기할 수 있다. 또 인맥 지수가 사법불신을 조장한다는 의견에도 다른 의견이 가능하다. 대법관들 사이에서도 이 점을 둘러싸고 격렬한 논쟁이 있었다. 그러나 이것은 여기서 중요하지 않다. 핵심은 승소율과 전문성 지수 서비스를 중단시킬 수 없다고 한 것이다.

변호사들에게는 개인정보에 관한 '권리'가 있었다. 비록 그 권리가 어디에 적혀 있지는 않지만, 헌법재판소와 대법원은 헌법 규정들을 엮어 그 권리가 존재한다고 읽어냈다. 그러나 변호사들이 직업 활동 과정에서 승패의 결과를 얻는 것은 공적인 영역에 속하고, 소비자들, 즉 잠재적인 의뢰인들로서는 그 정보를 얻을 필요가 있다. 로마켓이 데이터를 가공하여 그런 정보를 제공한 것은 그 자체로 바람직한 일이다. 비록 그 가공된 정보가 정확한 것은 아니라 하더라도 ―변호사가 제공하는 서비스의 '전문성'을 평가하기는 매우 어렵다― 어떻든 아예 정보가 없는 것보다는 훨씬 나은 것이 사실이다. 로마켓으로서는 시간과 노력, 돈을 들여 그런 서비스를 구축했으니 이용자에게 과금課金하여 돈을 버는 것이 잘못되었다고 할 수도 없다. 언론이 국민의 알 권리를 위해 이런 내용을 보도하는 것이 허용되듯 기업이 이런 내용으로 상업적인 유료 서비스를 제공하는 것도 허용해야 할 것이다. 사실 언론도 직접 과금을 하지 않을 뿐, 광고 등을 통해 간접 수익을 거둔다. 이용자는 그 광고를 보는 것으로 대가를 지불하고 있는 셈이다.

2011년 9월 30일 개인정보보호법(2011. 3. 29. 법률 제10465호)이 제정, 시행되었다. 그 결과가 어떤지 2016년 대법원에서 내린 한 판결이 잘 보여주고 있다[3]. 이 판결에서는 법률 정보 전문 서비스인 로앤비LawnB와 조인스Joins 인물 정보, 피플조선이 제공하는 인물 검색 서비스, 그리고 그 서비스를 링크하여 제공하는 네이버naver와 엠파스emphas가 문제가 되었다. 한 법과 대학 교수가 그의 학교 홈페이지 등에 올라와 있는 사진, 이름, 직업, 직장, 학력, 경력 등의 정보가 앞서 언급한 서비스에서 유료로 제공되고 있는 것을 문제 삼았다. 대법원은 개인정보보호법이 시행되기 이전의 기간 동안 인물 정보를 제공한 것에 대해 로마켓 사건 때와 마찬가지로 공개할 만한 이익이 있는 정보인지를 따졌고, 그 결과 공개할 만한 이익이 있다고 판단했다.

문제는 개인정보보호법이 시행된 이후의 기간이었다. 개인정보보호법은 정보를 수집할 때부터 그 개인에게 미리 허락을 받아야 한다고 규정하고 있으므로, 허락이 있었다고 보여야 서비스가 가능했다. 대법원은 학교 홈페이지에 자신에 관한 정보를 공개할 때는 이를 그대로 이용하는 데 미리 동의한 것으로 보아 이 문제를 피해갔다. 여기에 적기에는 다소 전문적인 내용이지만, 대법원의 이런 해석이 법률 해석으로서 문제가 없는 것은 아니다. 그렇다고 결론 자체가 부당하다고 비난하기는 어렵다.

　그러나 이런 판결은 문제를 반만 해결하는 셈이었다. 그 대학 교수가 자신의 정보를 지금부터 쓰지 말라고 요구하면 로앤비, 조인스 인물 정보, 피플조선 등의 서비스는 중단되어야 하기 때문이다. 이는 로마켓 사건에서 변호사들이 로마켓의 개인정보 처리에 불만이 있다고 굳이 소송까지 해가며 중단을 요구했고 정보 중 일부는 로봇으로 대법원 홈페이지에서 (운영자인 대법원은 결코 의도하지 않았을 방법과 목적으로) 긁어갔다고 해도 그 서비스 자체는 가능하다고 한 것과 대비된다. 이제 대학 교수의 강의 평가를 모은 서비스는 출현하기 어렵다. 그런 서비스는 교수의 개인정보를 일부라도 포함할 수밖에 없는데, 그런 서비스를 제공하는 것 자체에 불만을 가질 교수는 많을 것이고, 이에 그들은 자기 정보를 내려달라고 요구할 것이기 때문이다. 이런 서비스는 데이터베이스의 포함성과 완전성이 높을수록 그 가치가 기하급수적으로 커지게 마련이다. 어느 한 서비스에서 제시한 변호사나 대학 교수 랭킹은 비교하고 싶은 변호사나 대학 교수 모두가 그 데이터베이스에 들어 있을 때에는 신뢰할 만하고 높은 가치를 가지지만, 그런 사람 대부분이 빠져 있다면 가치가 있다고 보기 어렵기 때문이다. 따라서 위와 같은 각자의 동의나 비토veto 권한은 서비스에 큰 제약으로 작용할 것이다. 사실상 불가능해질 가능성이 더 높다. 공개된 개인정보 이용에도 사전 동의를 요구하는 한, 이와 유사한 수준의 서비스에 동의의 예외가 인정될지도 의문이다.

개인정보 보호의 딜레마

그렇다면 왜 이런 문제가 생겼을까? 만일 언론이 앞서 언급한 정보를 보도에 썼다면, 개개인의 허락이 없었대도 별 문제가 생기지 않았을 것이다. 개인정보보호법은 언론에 대해서는 대부분 그 적용을 면제해주고 있다. 소중한 가치인 언론의 자유를 보장하는 데 개인정보보호법의 접근이 적절하지 않다는 인식이 있기 때문이다. 그러나 언론이 모든 일을 다 할 수는 없다. 소비자가 필요로 하는 정보를 유료로 제공하는 데이터 전문 기업이 그 역할을 할 수도 있는 것이다. 그렇다면 언론과 똑같이 존중하고 보호해줘야 하는 것은 아니었을까?

개인정보 보호가 지금처럼 문제가 된 것은 컴퓨터와 인터넷이 발달하면서 대량으로 데이터를 수집하고 처리할 수 있게 되었기 때문이다. 전에는 개개인이 수집할 수 있는 데이터가 많지 않았다. 그래서 사적인 영역과 사회적이거나 공적인 영역을 나누고, 함부로 건드려서는 안 되는 사적인 영역과는 달리, 사회적이거나 공적인 영역은 누구나 자유롭게 접근할 수 있었다. 그러나 지금은 평범한 개인이 자유롭게 접속하여 읽는 인터넷 언론 보도만 1~2개월 추적해도, 그 사람에게 어떤 문제가 있으며 그가 다음 번 대통령 선거에서 누구에게 투표할지, 나아가 그는 어떤 사람인지까지 재구성해낼 수 있다. 실제로 구글google은 이용자의 인터넷 검색 이력을 프로파일링하는 것만으로도 그가 임신 중이라는 것도 알아맞히고, 다음 대통령 당선자가 누가 될지도 거의 정확하게 추측해낸다. 이런 새로운 상황은 이전과는 다르게, 반드시 내밀한 영역의 정보나 남에게 비밀로 할 만한 정보가 아니더라도 그것이 대량으로 수집되어 축적되고 처리되는 경우에는 충분히 위험할 수 있기 때문에, 그 정보의 대상이 된 개인에게 이용을 통제할 권한이 주어져야 한다는 생각으로 이어졌다. 개인정보보호법이 대체로 상당 규모의 데이터베이스를 운용하는 경우에 한해 적용되도록 만들어진 까닭이 여기에 있다.

그런데 이런 식으로 보호 대상인 개인정보의 범위를 매우 넓게 잡아두면, 우리가 날마다 만들어서 어딘가에 남겨놓은 정보 중에서 개인정보가 아닌 것은 별로 없다. 많은 사람의 정보를 대량으로 모아야 비로소 큰 가치를 창출할 수 있으므로, 허락을 구해야 할 사람의 수도 엄청나게 많아진다. 심지어 하나의 정보가 여러 사람과 관계된 경우도 있다. 가령 한 사건 재판에 관한 자료는 그 사건에 관여한 변호사들의 개인정보이자 사건 당사자들의 개인정보이며, 재판에 관여한 판사들의 개인정보이기도 하다. 이때 사전 동의를 원칙으로 한다는 것은 그 사건에 관련된 정보를 데이터베이스에 포함시켜 처리하기 위해 이들 모두의 허락을 받아야 한다는 뜻이다. 거꾸로 말하면 그들 모두 비토_veto_할 권리를 가지고 있기 때문에, 그 중 한 사람이라도 반대하면 그 정보는 완전한 형태로는 수집, 처리될 수 없다.

이런 상황은 특히 대량의 데이터를 수집하여 처리하고자 할 경우에, 그 데이터를 개개인이 직접 만드는 과정에서 직접 수집하지 않고 이미 수집되어 제3자의 수중에 있는 데이터를 전달받고자 할 경우에 큰 부담이 된다. 각종 웹사이트에서 이용자로부터 이용을 위해 정보를 제공받으면서 그 정보를 어떻게 활용할지 그의 동의를 받는 것은 어떻게든 가능하다. 사이트 운영자는 어차피 이용자와 접촉해야 하고 그 과정에서 개인정보의 수집, 처리에 대해 추가로 동의를 받으면 되기 때문이다. 그러나 개개인이 인터넷에 공개해놓거나, 개개인의 동의를 받은 제3자가 이를 공개하여 검색으로 찾을 수 있는 정보를 수집하는 경우, 다시 그 개개인을 찾아 허락을 받기란 결코 쉬운 일이 아니다. 그 수가 엄청나게 많으면 그로 인한 비용도 기하급수적으로 늘어날 수밖에 없다. 이렇게 개별적으로 사전 동의를 받게 하면 사실상 이러한 사업 자체를 막는 셈이 된다. 그런 데이터를 수집하여 처리하는 것이 잠재적으로 위험하다는 것은 부인할 수 없다. 그러나 그와 동시에 대부분 지금 이곳에서 현실적인 사회적 가치를 창출할 수 있다는 점도 부정하기 어렵다. 우리는 인터넷 블로그 등에 변호사 등의 서비스 이용 후기나 교수 강의 평가(이는 그 자체로 하나의 의견이므로 개인정보가 아니다)를 남기거나 각종 서비스에 별점을 매기는 행위를 쉽사리 목격한다. 그리고 소비자가 어떤 서비스를 이용하고자 할 때 그와 관련한 정보가 없는지 미리 찾아보는 과정에서 이런 정보와 마주하게 된다. 그런 것보다는 객관적인 데이터를 수집, 분석하여 사실에 근거한 평가를 제공하는 서비스가 더 나을 것이고 이것이 잘못되었다고 할 이유는 없다. 어차피 다른 사람이 눈앞에서 행해지는 공적인 활동에 대한 데이터를 수집하는 데 개개인이 늘 비토veto할 권리를 가져야 할 이유는 없다. 막아야 하는 것은 개인정보를 수집하고 처리하는 일 그 자체가 아니라, 그것을 부당한 독적을 가지고 또는 과도하게 수집하고 처리하는 것이다. 사전 동의는 그 수단에 불과한 것이다.

여기에는 다른 측면도 있다. 만일 서비스 자체가 옳고, 필요한 범위에서 개인정보를 수집하여 처리하기만 해도 된다면, 그래서 개개인의 허락 없이 일단 정보를 수집, 처리하여 서비스 제공이 가능해진다면, 실제로 각자가 나름의 정당성을 주장하며 무분별하게 개인정보를 수집한 다음, 일단 서비스를 시작해버릴 위험이 있다. 단순 명쾌하게, 사전 허락 없이는 절대 개인정보를 처리할 수 없다고 하는 것이 오·남용의 위험을 방지하기에 더 좋을지도 모른다. 당장 그와 같은 오·남용이 일어나지 않는다고 해도, 공개된 개인정보가 충분히 보호되지 않는다면 공개 자체가 제한될 수 있다. 로마켓이 제공하는 서비스가 적법하고 계속되어야 한다고 판결했던 대법원도 이미 판결 이전인 2005년에는 사건 번호에 당사자명까지 입력해야 '나의 사건 정보' 검색이 가능하도록 만들어 봇robot에 의한 무작위적 데이터 수집을 차단했다.

법 제도와 사회적 신뢰

이 문제는 어느 나라에서나 여전히 답을 모색 중인 난문難問이다. 특히 법 제도적으로 우리나라의 개인정보보호법은 미국이나 유럽 등 다른 나라에 비해 개인정보의 보호와 이용이라는 두 가지 대립된 이념 가운데 유독 전자前者에 치우친 편이라는 점을 좀 더 고민해야 할 것이다. 그러나 이에 못지않게, 아니 그 이상으로 중요한 것은 개인정보를 적법하게 이용하고 오·남용하지 않을 것이라는 사회적 신뢰를 확보하는 일이다.

대중에게 데이터 기술은 두렵지만 또 놀랍기도 한 신세계이다. 많은 사람들이 관심을 가지고 있고, 이를 이용하여 새로운 비즈니스를 기획하고 시도하는 사람도 적지 않다. 그리고 이렇게 새로운 서비스, 수요가 있으며 대개는 선의로 기획된 서비스는 그에 필요한 데이터 수집을 전제로 한다. 그런데 대중은 자기 데이터가 대량으로 누군가에게 넘어가 관리된다는 것에 상당히 불안을 느낀다. 더구나 자신의 허락을 통한 것이 아닐 때는 부당하다고 여기고 분개하기도 한다. 우리나라의 강력한 개인정보보호법은 바로 이 지점, 즉 개인정보는 오롯이 그 개인의 것이라는 관점에서 제정되었다. 그리고 그렇게 제정된 개인정보보호법과 정보 보안information security에 관한 대중의 관심, 여기에 (부분적으로는) 감시 사회surveillance society에 대한 대중의 불안감이 다시 개인정보가 그 개인의 것이라는 관념을 강화하고 있다. 이런 자기 강화 과정은 빠르게 변화하는 정보 통신 기술과 경험의 축적에 대응하여 끊임없이 새로운 균형을 모색하면서 신속하고 유연하게 법과 제도를 개선해나가기 어렵게 만든다. 법 제도 개선을 위해서라도 개인정보 보호와 이용에 대한 사회적 신뢰가 긴요한 까닭이 여기에 있다.

물론 대중의 인식이 절로, 또는 계몽만으로 바뀌지는 않는다. 또한 대중이 느끼는 감정은 나름 근거 있는 두려움이자 경계심이기도 하다. 따라서 정부와 시장이 협력하여 데이터 활용 가능성을 개인이 직접 첫 단계부터 어느 정도 열어준다고 해도 감시 사회가 오지는 않을 것이며 정보 보안 또한 합리적인 수준에서 유지될 것이라는, 경험에 기반을 둔 기대와 신뢰를 형성해나가는 것이 중요하다. 그런데 그와 같은 경험은 합리적인 개인정보 이용 가능성이 충분히 열려 있어야만 축적될 수 있다. 법 제도가 그 여지를 지나치게 좁힌다면, 사회적 신뢰 형성을 위해서라도 법 제도 개선이 필요해진다.

그러나 법 제도가 개인정보 이용 가능성을 열어주는 과정에서 그 오·남용의 위험을 제대로 통제하지 못해 오히려 사회적 불신을 초래

한다면, 법 제도와 사회적 신뢰 관계는 악순환에 빠질 것이다. 각국이
이 난문 앞에서 조심스럽게 해결책을 모색하면서 끊임없이 미세 조정
을 시도하고 있는 것도 그 때문이다. 우리나라 사정도 이와 크게 다르
지 않다.

8장

개인정보의 식별과 비식별
: 누군가를 '알아본다'는 것의 의미

고학수

서울대학교 법학전문대학원 교수

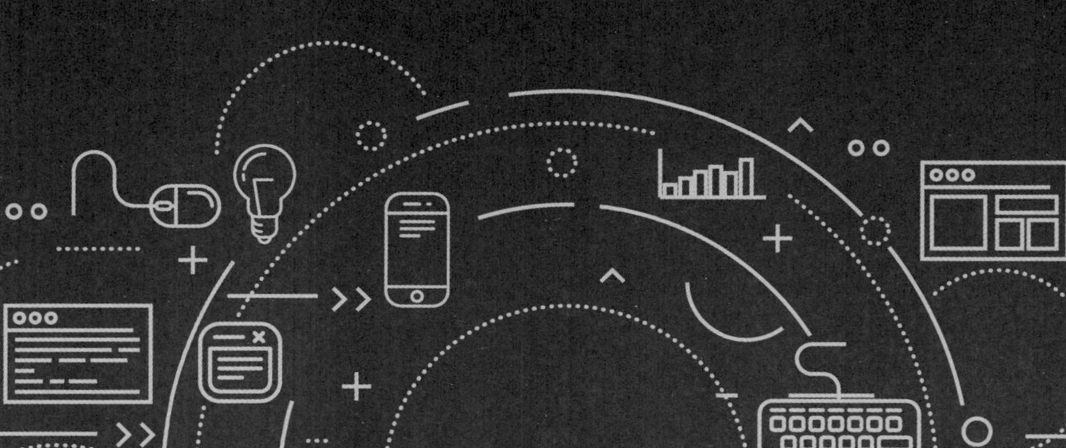

빅데이터, 개인정보, 비식별화

빅데이터 중 유용한 것에는 개인정보가 포함된 것이 많다. 또한 유용한 빅데이터 분석을 위해서는 개인정보가 포함된 데이터를 이용해야 할 때도 적지 않다. 우리나라 법률상 개인정보는 개인을 '알아볼 수 있는', 즉 식별할 수 있는 정보를 의미한다. 여기에는 주어진 정보로부터 개인을 직접 식별할 수 있는 경우뿐만 아니라 다른 정보와 '쉽게 결합하여' 식별이 가능한 경우도 포함된다. 법률에 제시된 내용과 지금까지의 법원 판례를 보면, 개인정보라는 개념에 대한 법적 해석은 매우 폭넓어질 가능성이 높다. 개인과 관련된 정보 대부분이 개인정보라고 해석될 가능성마저 있다.

한편, 개인정보가 포함된 빅데이터는 애초에 수집이나 데이터 분석 등 다양한 맥락에서 동의를 비롯한 여러 법적 요건이 적용된다. 이는 빅데이터 활용에 커다란 현실적인 제약 요인으로 작용한다. 이에 대한 해결책으로 생각할 수 있는 것이 비식별화de-identification이다. 개인정보에 비식별화 과정을 거쳐 식별성을 제거하면 법적으로 더 이상 개인정보가 아닌 것이 되므로, 개인정보 보호 법제의 규제 대상이 되지 않기 때문이다. 법적으로 개인정보가 아닌 것으로 판단되면 사전 동의 등 법에서 정한 까다로운 절차를 거치지 않고도 활용이 가능하리라는 점이 비식별화 논의가 주는 매력의 근간이다. 정보 주체의 입장에서 보면, 자신의 정보라고 해도 식별성이 제거된 정보에 대해서는 프라이버시 리스크가 크게 줄어들기 때문에 프라이버시 보호 측면에서도 문제될 것이 없다고 생각할 수 있다.

개인정보의 비식별화는 이처럼 유용성이 높은 개념이다. 또한 데이터 중심 경제data-driven economy로 패러다임이 변화하는 데 현실적으로 필수 불가결한 요소이기도 하다. 이런 인식이 확산됨에 따라 미국이나 유럽 등 선진국에서도 관심이 크게 늘고 있는 추세이다. 국내에서는 최근 1~2년 사이에 관심이 부쩍 늘었는데, 특히 2016년에 정부에서 '범부처 비식별 조치 가이드라인'을 제시한 이후에 그 관심의 정도가 더욱 높아졌다.

국내 상황을 생각해보면, 다양한 논의가 전개되고 관심이 늘어났음에도 비식별 정보의 활용도가 높아지는 등의 구체적인 변화의 조짐은 아직 미미한 상태이다. 이에 대해서는 다양한 해석이 가능하다. 지금부터 개인정보를 비식별화한다는 것이 현실적으로 어떤 의미인지를 살펴보고, 비식별화를 위해 필요한 통계적 기법과 절차적 통제에 대해서도 생각해보고자 한다.

식별이란 무슨 뜻일까

개인정보를 비식별화한다는 것은 무슨 의미일까? 통계적으로는 '비식별화'라는 표현에서 알 수 있듯이, 식별 가능한 정보를 더 이상 식별되지 않는 정보로 만들기 위해 특정 정보나 요소를 변환하거나 제거하는 것 등을 의미한다. 그렇다면 '식별'은 무엇을 의미할까? 식별은 '알아볼' 수 있는 상태를 의미한다. 그런데 알아본다는 것이 무엇을 의미하는지 좀 더 곰곰이 생각해보면 그 의미가 간단치 않음을 알 수 있다.

식별의 개념은 대략 다음과 같이 세 가지 유형으로 나누어 생각해볼 수 있다. 첫째, 주어진 정보를 이용하여 특정 개인의 신원 정보나 개인 식별 정보를 파악하고 확인할 수 있는 상황을 의미한다. 예를 들어, 주어진 데이터베이스에 포함된 정보를 통하여 또는 추가적인 분석을 통하여 특정한 개인의 이름이나 주민등록번호, 연락처 등의 파악이 가능한 상황을 생각할 수 있다. 이와 같은 의미의 식별은 좁은 의미의 식별이다.

식별의 또 다른 의미, 좀 더 넓은 의미에서 보면, 주어진 데이터를 통하여 특정 개인의 신원 정보를 파악할 수는 없지만, 한 개인의 특징을 파악하거나 서로 다른 데이터베이스에 있는 여러 사람의 정보 중에서 같은 사람의 정보를 추려내는 것은 가능한 상황이 있을 수 있다. 예를 들어, 어떤 백화점이 보유하고 있는 고객 데이터베이스가 있고, 그와 무관하게 한 통신사가 보유하고 있는 고객 데이터베이스가 있다고 하자. 각각의 데이터베이스에는 익명 또는 가명 처리가 되어 있는 상태인데, 이 두 개의 데이터베이스를 분석하여 한 데이터베이스에서 일련번호 10번 고객으로 나타나는 사람과 또 다른 데이터베이스에서 20번 고객으로 나타나는 사람이 같은 사람임을 알아냈다고 하자. 이처럼 동일인임을 알 수 있게 된 경우(그러나 신원 정보는 파악이 불가능한 경우)는 두 번째 개념의 식별이 이루어졌다고 볼 수 있다.

두 번째 개념의 식별은 현실 속 비즈니스 맥락에서는 매우 중요하다. 특히 인터넷 매체를 활용하는 객락에서는 더욱 중요하다. 인터넷 쇼핑몰에서 특정 상품을 살펴보고 난 뒤 해당 상품에 대한 광고를 다른 여러 사이트에서 한동안 지속적으로 접하는 상황이 종종 있다. 이는 개인의 신원 정보는 파악할 수 없어도 동일인의 인터넷 활동에 대한 추정은 가능하기 때문이다. 이런 광고 방식은 흔히 리타깃팅_{retargeting}이라고 부르는데, 이는 일반적으로 인터넷 브라우저에 쿠키_{cookie} 파일을 전송하는 방식을 통해 소비자의 선호를 파악하여 작동한다. 쿠키는 글 몇 줄 수준의 매우 간략한 텍스트 파일로, 이를 활용하는 방식을 통해 신원 정보는 파악하지 못하지만 해당 컴퓨터, 좀 더 정확하게는 인터넷 브라우저를 파악하는 것이 가능하다. 따라서 (아마도 같은 사람이) 동일한 브라우저를 이용하여 인터넷을 검색하고 다양한 사이트를 방문한다는 것을 파악하고 분석한 다음, 이에 기초하여 '맞춤형 광고'를 할 수 있는 것이다.

위에서 예를 든 두 번째 유형의 경우에, 동일인임을 확인할 수 있거나 추정할 수 있었다는 것에 기초하여 법적으로 개인정보가 밝혀졌다고 볼 수 있을까? 이에 관해서는 논란의 여지가 있고 아직 법적으로 명확하게 정리되지는 않은 상태이다.

식별의 세 번째 의미는, 개인을 특정할 수는 없지만 범위를 크게 좁힐 수 있는 경우를 가리킨다. 어떤 독특한 특징이나 몇 가지 특징의 조합을 보이는 개인을 파악하고자 시도하는 상황을 생각해보자. 그 결과, 한 명의 개인을 특정할 수는 없지만 수십만 명의 모집단으로부터 몇 십 명 또는 몇 명 수준의 소그룹을 추출해낼 수 있었다고 하자. 한 명이 특정된 것이 아니니 이 경우는 법적으로는 식별이라 보기 어려울 것이다. 그러나 이 정도로 대상 그룹을 좁혀가는 것만으로도 비즈니스 맥락, 특히 광고 맥락에서는 매우 커다란 의미가 있을 것이다. 특히 맞춤형 광고를 통해 애초에 의도했던 것을 달성하는 데 유용할 것이다.

위에서 살펴본 유형화를 통해서도 알 수 있듯 식별이라는 개념은 쉽게 정의되기 어려운 개념이다. 간단하게 세 가지로 유형화해서 파악

했지만, 그밖의 유형이 더 있을 수도 있고 더욱 세분화해서 파악하는
것이 필요한 상황도 있을 수 있다.

것이 필요한 상황도 있을 수 있다.

식별, 그리고 구분되는 다른 개념

식별의 개념을 명확하게 규정하기가 쉽지 않기 때문에, 다른 개념과 혼동할 수 있다. 식별과 밀접한 관련이 있는 두 가지 개념을 생각해 보자.

첫째는 링크 가능성linkability이라는 개념이다. 이는 각기 다른 데이터베이스나 장소에 보관되어 있던 한 정보 주체에 관한 정보를 한 곳에 모아 서로 연결하여 파악할 수 있는 상황을 가리킨다. 예를 들면, 어떤 사람이 A 사이트를 통해 서적을 주문한 내역과 B 여행사를 통해 해외 여행 상품을 알아본 내역을 결합하여 둘이 동일인이라고 파악하는 것이 가능한 상황이 있다. 이런 결합은 주민등록번호 등 공통의 식별자identifier로 쓰일 수 있는 정보가 있다면 기술적으로는 어렵지 않게 이루어진다. 주민등록번호와 같이 일상화된 식별 정보가 없더라도 가명 처리pseudonimization 방법을 통해 공통의 일련번호가 형성되는 경우에도 링크가 가능하다. 암호화_{encryption}를 하는 경우에도 예를 들어 서로 다른 데이터베이스에 포함된 식별자에 동일한 해시함수_{hash function}를 적용하여 해시 값을 구하면 상황에 따라 링크가 가능해진다. 반면, 공통의 식별자로 이용할 만한 정보가 없다면 보통 링크 자체가 불가능하거나 매우 어려워지게 마련이다.

신원 정보가 공통의 식별자로 사용될 때는 식별과 링크가 동시에 가능하지만, 신원 정보가 없을 때는 링크는 가능해도 식별은 어려울 수 있다. 좀 더 명확하게 말하면, 신원 정보가 없을 때는 링크가 가능하더라도 앞서 살펴본 세 가지 식별 중에서 첫 번째 의미의 식별은 불가능하다. 그러나 이때 두 번째 의미의 식별은 가능할 수도 있다.

식별과 혼동할 수 있는 또 다른 개념으로 타깃 가능성_{targetability; addressability}이라는 개념이 있다. 이는 특정 개인을 목표로 정보 이용이 가능한지 여부에 관한 것이다. 특정 개인에게 광고를 노출하는 맞춤형 타깃 광고 상황을 생각해보자. 광고주가 직접 광고 대상자를 선별하여 대상자의 신원을 파악하고 이들에게 광고를 할 수 있다면, 그때는 타깃 가능성과 식별 가능성 모두를 충족하는 상황이다. 그러나 만약 광고 대상자의 신원 파악이 불가능하다면, 맞춤형 광고를 한다고 해도 앞서 살펴본 세 가지 식별 중에서 첫 번째 의미의 식별은 불가능하다. 반면 두 번째 의미의 식별은 가능할 수도 있다. 인터넷을 통한 맞춤형 광고는 이 유형에 속할 때가 많다. 예를 들어, 기기 고유번호나 개별 기기에 부여되는 광고 아이디_{AdID}를 파악하고 이에 기초하여 인터넷 맞춤형 광고를 할 때는 보통 기기 보유자의 속성_{attributes}을 분석하여 광고를 한다. 이때 광고주는 광고 대상이 되는 소비자의 신원 정보는 알지 못한 채 특정 기기에 타깃 광고를 하는 셈이다. 또 쿠키cookie 정보에 기초하여 단순한 리타깃팅retargeting 광고를 할 때도 일반적으로 광고 대상자의 신원은 알지 못한 채 특정 컴퓨터의 인터넷 브라우저를 대상으로 타깃 광고를 한다. 한편, 광고주가 직접 광고 대상자를 식별하여 추출해내는 것은 불가능한 상황에서 광고 대행사 등 제3자를 통해 간접적으로만 광고 대상자를 추출하여 타깃 광고를 하는 것이 가능하다면, 그럴 때도 타깃 가능성은 있으나 식별 가능성은 없을 것이다.

이처럼 식별의 개념은 명확히 규정하기도 어려울 뿐만 아니라, 그와 연관되는 다른 개념과의 관계도 간단하고 명료하게 정리하기가 어렵다. 중요한 것은, 식별이라는 표현을 쓸 때 정확히 어떤 의미의 식별을 염두에 두고 이 표현을 쓰는지 생각할 필요가 있다. 또한 그와 연관되는 링크 가능성이나 타깃 가능성 등의 개념과 구분되는지도 명확히 하는 것이 필요하다.

비식별화란 무슨 뜻일까

그럼 비식별이라는 개념은 어떨까? 개인정보를 비식별화한다는 것은 무슨 의미일까? 앞서 개인정보에 대한 통계적 처리는 간략히 살펴보았다. 하지만 그에 더하여 기술적, 관리적, 절차적 통제를 통해 더 이상 식별되지 않게 하는 것이라고 비식별화의 개념이나 과정을 좀 더 넓게 생각해볼 수 있다. 그러나 식별 자체의 개념 설정이 단순하지 않기 때문에, 비식별화 또한 간단하게 정의되기 어렵다. 현실적으로 중요한 것은, 어떤 방식으로 개념 설정을 하든 간에 대부분 개인에 대해 '식별 가능 상태'나 '비식별 상태' 둘 중 하나라는 흑백논리로 파악할 수 있는 성격이 아니라는 것이다. 오히려 식별 가능성 또는 비식별화 수준에 대한 정도degree의 문제로 파악할 필요가 있다.

예를 통해 생각해보자. 한 회사의 같은 부서에서 근무 중인 직원들의 건강 정보가 담긴 데이터베이스가 있다. 이름이나 주민등록번호를

이름	주민등록번호	연금 수급액		속성 정보	연금 수급액
김영수	53201-1000001	124만 원		남성(또는 60대)	120만 원
이철수	480002-1000002	152만 원	⇒	남성(또는 60대)	150만 원
박현정	590003-2000003	218만 원		여성(또는 50대)	220만 원
최명자	460004-2000004	253만 원		여성(또는 70대)	250만 원

* 비식별화를 통하여 ① 이름과 주민등록번호 등 직접적인 식별 정보는 삭제했고, ② 주민등록번호를 통해 파악되는 정보 중에서 성별 또는 10년 단위를 기준으로 한 연령대 정보를 추출하여 포함했으며, ③ 연금 수급액은 만 원 단위에서 반올림했다.

지우더라도 특정 직원의 생년월일을 파악하면 이를 통해 해당 직원의 건강 정보를 파악하는 것이 가능하다. 그런데 이 부서에 생년월일이 같은 사람이 두 명이면 어떻게 될까? 생년월일 정보를 통해 둘 중 한 명을 특정하기는 불가능하다. 다만 경우에 따라 추가 정보를 통해 한 명을 특정해내는 것이 가능할 수도 있다. 예를 들어 성별, 주거지, 출신 학교 등 약간의 추가 정보만으로 두 명을 구분하여 파악하는 것이 가능해질 것이다.

여기서 만약 생년월일이 아니라 생년 정보만 주어진 상태에서 이 부서에 해당 연도에 태어난 사람이 다섯 명이면 어떻게 될까? 생년 정보를 통해 그 다섯 중 한 명으로 확률적인 가능성을 정할 수 있을 뿐, 한 명을 특정해내기는 불가능하다. 더 나아가 10년 단위로 나누어 20대, 30대, 40대, 50대 이상과 같이 범주를 정하면 어떻게 될까? 이때는 특정인이 어느 한 그룹에 속할 확률이 더욱 낮아진다. 이처럼 데이터베이스로 누군가를 특정하고 알아보는 것은 통계적인 확률 개념으로 회귀되어 파악되는 것이다.

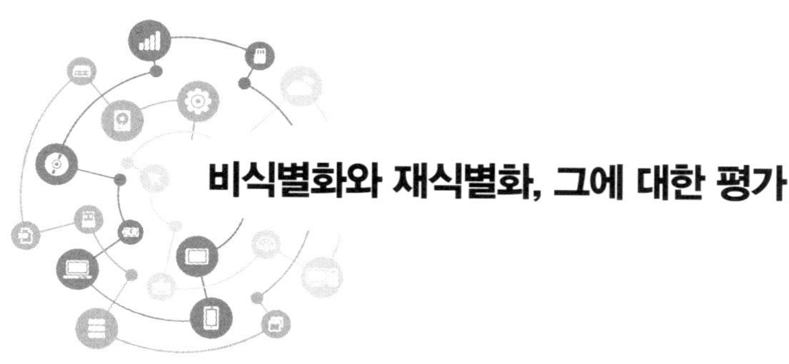

비식별화와 재식별화, 그에 대한 평가

통계적으로 식별의 개념이 정도의 문제라면, 비식별도 마찬가지로 정도의 문제이다. 비식별화된 정보에 통계적인 기준을 적용하여 그 적정성을 평가하는 여러 가지 방법이 있다. 이들 모두 통계학적 기법을 활용하여 주어진 데이터셋에 포함된 정보를 통해 개인을 특정할 수 있는 가능성 수준에 대한 평가 기준을 마련하는 것을 주된 목적으로 한다.

가장 흔하게 사용되는 통계학적 기준으로는 'k-익명성_{k-anonymity}' 개념이 있다. 이는 동일한 속성을 가진 레코드가 하나의 데이터셋 안에 적어도 k개 이상 존재하도록 하여 프라이버시를 보호하는 방법이다. 앞에서 본 건강 정보의 예를 다시 생각해보면, 연령을 범주화하여 각 범주 안에 k명 이상의 직원이 속하도록, 좀 더 정확하게는 하나의 데이터셋 안에 같은 준식별 정보를 가진 레코드가 K개 이상이 되도록 한 것이다. 이렇게 범주화해서 하나의 범주 안에 최소한 5명이 속하면 'k = 5'인 k-익명성이 달성된 것이다.

k-익명성 개념은 완벽하지 않은 개념이다. 데이터베이스의 특징이나 개별 상황에 따라서는 다른 방법을 통해 우회적으로 개인을 특정할 수도 있기 때문이다. 이런 한계를 보완하기 위해서 'l-다양성 l-diversity' 또는 't-근접성t-closeness' 등 추가적인 개념도 개발되어 있다. 최근에는 '차분 프라이버시differential privacy'라는, 종래의 접근 방법과는 다른 개념이 개발되기도 했다.

중요한 것은, 어떤 평가 기준을 사용하든 간에 일정 수준을 충족하면 식별이 불가능하다고 단순히 정할 수는 없다는 것이다. k-익명성을 예로 들면, 'k'값이 높아짐에 따라 식별 가능성은 지속적으로 낮아지지만, 그렇다고 어떤 특정 값을 넘어서면 식별이 불가능하다고 단정지어 말할 수는 없다. 한편, 'k' 값이 높아지면 함께 주어진 데이터셋의 효용성이 낮아지므로 'k' 값을 무한정 높게 할 수도 없다.

비식별화 vs 익명화

우리는 지금까지 '비식별화de-identification'라는 용어를 가지고 논의했다. 그런데 여기서 '익명화anonymization'라는 용어가 등장한다. 종종 비식별화와 익명화, 이 두 가지 개념 구분을 둘러싸고 논란이 발생하기도 한다. 이 두 개념을 어떻게 구분할까? 결론부터 말하면, 이 두 개념에 대해 일반적으로 인정되는 공인된 구분법은 없다. 두 개념을 구분해서 이용할 때가 있고 구분 없이 이용할 때도 있다. 다만 몇 가지 흔히 볼 수 있는 개념 구분(또는 비구분) 패턴이 있는데, 이를 요약하면 다음과 같다.

첫째, 두 개념을 별다른 구분 없이 사용하는 것이다. 국내에서는 지금까지 정부나 공공 영역에서 비식별화라는 용어를 흔히 사용해왔다. 익명화라는 용어와 구분하기 위한 별도의 목적을 가지고 비식별화라는 용어가 사용된 것은 아닌 것으로 파악된다. 다만 외국의 경우를 보면, 미국에서 비식별화라는 용어가, 유럽에서는 익명화라는 용어가 조금 더 흔하게 사용된다는 차이가 있다.

둘째, 두 개념에 대해 명확한 구분이 있는 것은 아니지만 정도의 차이를 두고, 익명화의 상황이 비식별화에 비해 재식별이 더 어려운 상황을 가리키는 것으로 구분하는 것이다. 일부 연구자들이 이렇게 구분한다.

셋째, 비식별화는 재식별 가능성이 약간이라도 남아 있는 상황을 가리키는 것으로, 익명화는 어떤 경우에도 재식별이 불가능한 상황을 가리키는 것으로 개념을 설정하여 구분하는 것이다. 앞에서 나온 두 번째 개념 구분의 극단적인 경우라 할 수 있다.

국내에서는 공공 영역에서 주로 비식별화라는 용어를 많이 써왔기 때문에 비식별화라는 용어가 더 흔하게 나타난다. 그런데 이 용어를 위와 같은 세 가지 개념 구분법 중 세 번째와 결합하여 생각하면 논란의 여지가 있다. 이 개념 구분 방식에 따르면, 비식별화 과정을 거친 데이터는 아직 재식별 가능성이 남아 있기 때문에, 더 이상 개인정보가 아니라고 단정할 수 없다. 완벽한 익명화가 이루어졌을 때만 해당 데이터를 개인정보가 아니라고 볼 수 있고, 따라서 별도의 동의 없이 빅데이터 분석 등을 위해 활용하는 것이 허용된다는 주장이 가능해지기 때문이다.

세 번째 개념 구분은 얼핏 생각하면 논리적인 개념 구분으로 여겨질 수도 있지만, 현실적으로 유용하거나 실익이 있는 개념 구분이라 보기는 어렵다. 왜냐면 데이터의 비식별화 또는 익명화는 결국 정도나 수준의 문제로 파악해야 하는 것일 뿐, 재식별이 전혀 불가능하고 이를 보장할 수 있는 상황을 별도로 설정하는 것은 이론적으로나 실무적으로 대단히 어렵기 때문이다. 재식별이 전혀 불가능한 데이터라면, 예를 들어 통계청에서 일반 공표를 하는 인구통계학적 데이터 등과 같이 일부 유형의 데이터를 제외하면 생각하기 어렵다. 대부분은 재식별 가능성을 완벽하게 기술적으로 차단하고 재식별이 불가능하다는 것을 과학적으로 입증하거나 보장할 수 없다. 통계적으로는 재식별이 '매우 어렵다' 정도로만 말할 수 있다. 만일 재식별 가능성을 완벽하게 차단하고 이를 입증한 경우에만 정보의 이용 가능성을 열어 둔다면, 이는 인구통계학적 데이터 등과 같이 일부 데이터를 제외한 대부분의 데이터 이용을 차단하는 결과를 가져올 것이다.

이 글에서는 비식별화와 익명화 사이에 별도의 개념 구분을 하지 않는다. 국내에서 지금껏 비식별화라는 용어가 더 일반적으로 사용되어 온 현실을 반영하여 비식별화라는 용어를 주로 사용한다. 단, 유럽 상황을 언급할 때는 유럽에서 흔히 이용되는 'anonymization'의 우리말 번역으로 '익명화'라는 용어를 사용한다.

통계적 기법 vs 절차적 통제

통계적 기법과 기준만으로 완벽한 비식별화가 어렵다면 대안을 모색해야 할까? 반드시 그렇지는 않다. 다만, 절차적 통제가 중요할 수도 있음을 감안하여, 통계적 기법과 절차적 통제가 서로 보완하는 역할을 하도록 인식을 바꾸고 제도를 정비할 필요가 있다.

절차적 통제란 어떤 것을 말하는 것일까? 데이터에 접근하고 이를 이용하는 전반적인 과정과 내용, 한계 등에 관해 기준을 정해놓고 이를 엄격하게 이행하는 것을 가리킨다. 한 조직 안에서도 누가 데이터에 접근할 수 있는지 정해놓고, 권한을 가진 사람만 접근을 허용하고, 데이터 접근 내역과 관련한 로그log 기록을 남기고, 비식별 정보에 대하여 재식별을 위한 시도를 하지 않는다는 서약을 받는 등, 절차적 사항을 정해놓고 이를 준수하도록 하는 것이 이에 포함될 것이다.

절차적인 통제가 중요한 것은, 다음과 같은 가상의 질문을 생각해

보면 쉽게 알 수 있다. "우리 회사는 비식별화에 대해 매우 엄격한 판단을 적용, 'k = 5'을 기준으로 한 강력한 비식별화 데이터를 마련했다. 그럼 이 데이터를 분석 부서에 보내 그 부서의 자체 판단하에 재식별 시도를 하거나, 또는 기타 다양한 분석 방법을 동원하여 최대한 상업적 가치가 높은 데이터로 탈바꿈시켜도 되지 않을까?"

답은 '당연히 재식별 시도를 하면 안 된다'이다. 비식별화 과정은 물론이고 비식별화가 이루어진 데이터에도 누가 어떤 용도로 데이터에 접근하고 이를 분석하고 이용할지에 관한 통제가 필요한 것이다.

또 다른 예를 들어보자. "우리 팀 신입 사원이 팀 대표로 비식별 데이터 관리 교육도 받고 서약서에 서명도 하고 왔다. 신입 사원에게 비식별 데이터에 접근할 수 있는 아이디와 비밀번호가 부여되었다. 이 아이디와 비밀번호를 팀원들이 공유해도 무방하지 않을까?"

이 질문에 대한 답도 '전혀 그렇지 않다'이다. 한 개인에게 주어진 아이디와 비밀번호를 팀원이 공유하는 것이야말로 지극히 위험한 관행이다. 아이디와 비밀번호는 데이터 접근이 필요한 개개인에게 선별적으로 부여되어야 하며, 해당 개인이 각자 이용해야 한다.

다음은 영국에서 실제로 사용된 정보 공유 계약서의 일부이다[1]. 데이터 접근이 허용되는 사람들의 이름과 직함을 구체적으로 열거하고, 이들에게만 접근을 허용한다는 내용이다. 이 계약서에는 이를 포함한 상세한 계약과 약정 내용이 담겨 있다. 아래에서 보겠지만, 영국은 비식별화를 통한 데이터 활용이 활발하게 이루어지는 나라이다. 데이터 활용이 가능한 이면에는 이와 같은 엄정한 절차적, 규범적 통제가 존재한다.

정보 공유 계약서의 일부(접근 통제)

No individual other than those named in this Agreement can access the Dataset and the dataset must only be used for the explicit purpose set out above. In case of staff changes at IMS, IMS will inform. The NHS IC of these changes prior to new staff gaining access to the dataset listed in this agreement.

Named individual to have access	Job title	IMS employing company
	Director, Healthcare Stakeholders	IMS Health HQ Limited
	Senior Manager, Business Line	IMS Health Limited
	Product Reference Information Manager	IMS Health Limited
	Manager, Technical Services, IMS	IMS Hospital Group Limited
	Project Analyst, Business Line	IMS Health Limited
	Consultant, Technology Services	IMS Health HQ Limited
	Senior Manager, Business Line Projects	IMS Health Limited
	Senior Manager, Statistical Services	IMS Health HQ Limited
	Director Payer Solutions	IMS Health HQ Limited
	Senior Manager, IT Business Refationship Manager	IMS Health HQ Limited
	Senior Manager, Statistical Services	IMS Health HQ Limited

외국 사례

앞에서 간단히 영국의 사례를 언급하기는 했지만, 해외 여러 나라에서도 데이터 비식별화나 익명화 경험을 축적하고 이를 통해 데이터의 유용한 활용을 도출하려는 시도가 이루어지고 있다.

일본은 최근 법을 개정하여, '익명가공정보'라는 새로운 유형의 비식별화된 정보를 법에 명시하기도 했다. 여러 나라 중에서 지금까지 데이터 비식별화·익명화에 관한 경험이 가장 많이 축적된 것은 미국과 영국이다. 미국에서는 특히 보건 의료 분야를 규율하는 법인 'HIPAA'Health Insurance Portability and Accountability Act 의 '프라이버시 규칙'Privacy Rule 에 비식별화에 관한 규정이 명시되어 있으며, 이 규정은 실무에서 활발하게 이용되고 있다.

'HIPAA'의 프라이버시 규정이 정하는 비식별화 방법은 두 가지이다. '세이프 하버'safe harbor 라 부르는 방법과 전문가에 의한 통계적 방법이다. 세이프 하버 방법은, 이름, 전화번호, 메일 주소 등을 포함하여 규정에서 정하고 있는 18가지의 식별자identifier 및 준식별자quasi-identifier를 제거한 다음에 데이터를 이용할 수 있도록 허용하는 방법이다. 통계적 방법은, 비식별에 관한 지식과 경험을 갖춘 전문가의 판단 아래, 재식별의 리스크가 매우 적다고 판단될 때risk is very small 데이터 이용을 허용하는 것이다. 이 두 가지 방법 모두 재식별이 전혀 불가능해야 한다고 요구하지는 않는다. 특히 통계적 방법은 전문가에게 상당한 재량을 부여하여 그의 판단에 크게 의존한다. 다만 전문가로 하여금 자신이 결론에 도달하게 된 논리적 과정을 기록하게 하고 이를 통해 필요할 경우 책임을 부담하게 하는 구조이다.

영국은 또 다른 흥미로운 시사점을 준다. 최근 영국의 유럽연합EU 탈퇴가 결정됐지만, 아직은 유럽연합 회원국이다. 따라서 유럽연합 차원에서 정해진 개인정보 보호 법령은 아직 영국에서도 원칙적으로 유효하다. 그런데 개인정보 익명화에 관한 한, 유럽 다른 나라와는 다르게 영국에서는 익명화와 이 과정을 거친 데이터 활용이 활발하다. 영국의 사례는 개인정보 보호 법제의 적지 않은 부분이 유럽연합 법제와 유사한 우리나라에도 유용한 참고가 될 수 있다.

영국에서 익명화 경험이 많이 축적된 분야는 보건 의료 분야이다. 영국은 'NHS'National Health Service 조직을 통해 전 국민에게 의료 서비스가 제공된다. 이 NHS가 보유하고 있는 정보를 민간 조직과 공유하는 체계를 마련하는 것으로 많은 경험을 축적한 것이다.

영국에서는 익명화된 정보의 재식별 가능성을 평가할 때 '의도된 공격자_{motivated intruder}' 기준을 사용한다. 여기서 공격자는 해당 데이터와 관련해서 아무런 사전 지식을 갖추지 않은 공격자로서, 일반적이고 합리적인 수준의 능력을 갖추고 인터넷이나 도서관 등을 통해 정보 검색이 가능한 상황을 전제로 한다. 의도된 공격자에는 해당 영역에 대한 전문적 지식을 갖춘 자나 해킹 능력을 포함한 고도의 기술적 능력을 갖춘 자는 포함되지 않는다. 따라서 영국의 법제는 전문가에 의한 재식별 가능성까지 완벽하게 차단할 것을 요구하지는 않는다고 해석할 수 있다. 다만 재식별 가능성을 현실적으로 차단하기 위해서 앞서 언급했듯 계약 및 기타 절차상의 통제 장치를 마련하여 문제 상황이 발생하지 않도록 하고 있다.

이와 같은 데이터 익명화 및 관리 체계를 전제로, 최근에는 NHS와 구글 딥마인드_{DeepMind} 사이에 두 건의 정보 공유 계약이 잇따라 체결되기도 했다[2]. 그중 하나는 환자들의 홍채 사진을 통해 실명失明 리스크를 초기 단계에서 감지해내는 방법을 찾아내는 인공지능 프로젝트였다. 이 정보 공유 계약을 통해 백만 명에 이르는 수많은 환자 정보가 제공되었지만, 익명화된 것이기에 프라이버시 리스크에 관한 별다른 문제 제기는 없었고 오히려 단기간에 획기적인 연구 성과가 나타났다.

비식별화를 둘러싼 논의의 필요성

최근 들어 데이터 비식별화에 대한 관심이 급증된 반면, 이를 어떻게 구체화할 것인지에 대해서는 아직 사회적으로 충분한 논의가 이루어지지 않았다. 뿐만 아니라, 사회적 공감대나 합의 또한 이루어지지 않은 듯하다. 그러나 데이터가 핵심이 되는 사회 패러다임의 변화를 고려하면, 비식별화를 둘러싼 논의는 사회적 합의가 반드시 필요한 영역이라 할 것이다. 이 영역은 통계학, 공학적 접근 방식과 법적, 절차적 통제를 기반으로 한 접근 방식이 서로 보완적인 역할을 수행하는 것이 특히 중요한 영역이다. 그만큼 융합적이고 유연한 사고를 전제로 다양한 영역의 전문가와 실무가들이 머리를 맞대고 논의를 이어갈 필요가 있다.

9장

정보 주권과
정보의 위치

박상철
변호사

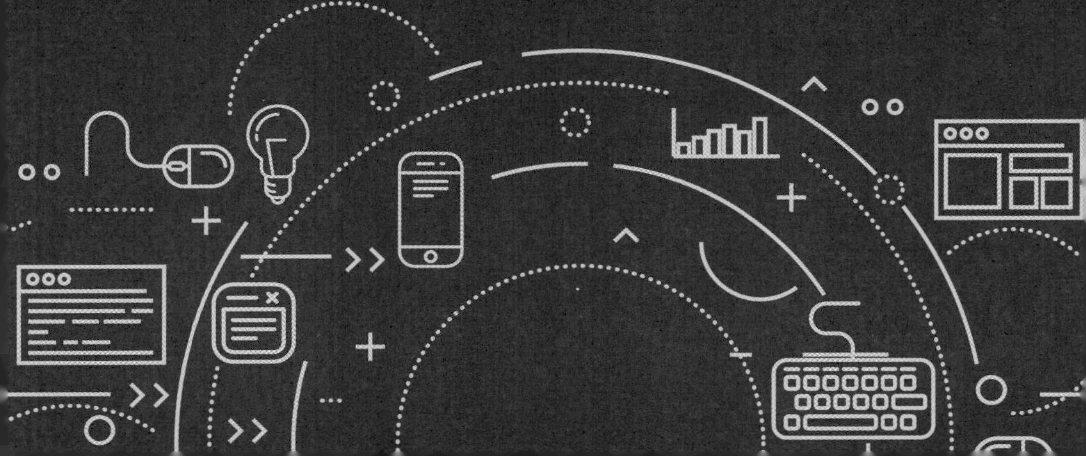

'정보 주권'이라는 말

미국의 IT 플랫폼들은 한국 시장에서 한동안 문화, 언어, 제도의 장벽으로 고전했다. 그러나 모바일화와 스마트화가 본격 진행된 2010년경을 기점으로 날개를 달고 이제는 확고히 자리를 잡고 있는 분위기이다. 구글플레이 마켓의 국가별 매출 순위에서 한국은 현재 일본, 미국에 이어 3위 수준으로 알려져 있다. 구글의 국내 검색 점유율도 눈에 띄게 상승하고 있다. 국내 페이스북 이용자도 1천6백만 명대라고 한다(2015년 3분기 월 1회 이상 접속자 기준). 전자상거래 분야는 이베이가 2001년 인터넷 옥션을, 2009년 지마켓을 인수하면서 이미 국내 오픈마켓 시장 점유율 87%를 달성했다(물론 이후 점유율이 다소 떨어지기는 했다). 이에 '정보 주권'에 대한 논의가 다시 활발해지고 있다.

정보 주권이라는 말은 세계적으로 쓰이는 용어는 아닌 듯하다. 기사를 검색해보면 1990년 초 통신 시장 개방에 맞서는 개념으로 쓰이

고 있다[1]. 지금은 한국인 정보 처리 서버를 국내에 두게 하는 방식 등
으로 외국 플랫폼에 대한 규제 근거를 강화한다거나, 한국인 정보는
되도록 국내 기업이 다룰 수 있도록 국내 플랫폼을 보호하여 살리는
정책을 편다거나 적어도 '역차별'하지는 말자는 취지로 사용되는 듯
보인다. 클라이언트-서버 구조에서 정보의 위치란 대략 서버의 위치
이고, 이는 클라우드 컴퓨팅도 마찬가지이므로, 어떻게든 정보를 국
내에 두자는 것이다. 다만 정보는 서버의 물리적 위치와 관계없이 원
격 관리가 가능하므로, 한국인 정보는 토종 플랫폼이 처리하게 하자
는 논의에까지 이른 것이다.

세계적으로는 스노든E. Snowden이 2013년 미국 국가안보국NSA 등의 국
내외 감시 체계인 프리즘PRISM의 존재를 폭로하면서 논란이 일어났다.
미국의 IT 플랫폼들이 협조한 것으로 알려졌고, 이에 맞서 러시아, 중
국 등이 데이터 국내화법data localization law을 추진했다[2]. 그러나 우리나라
는 미국과의 특수한 관계를 고려하여 조용히 넘어갔다.

이런 상황에서 '정보 주권'이 과연 어떤 이야기인지, 그리고 옳은 이
야기인지 이 장에서 하나씩 짚어보기로 한다.

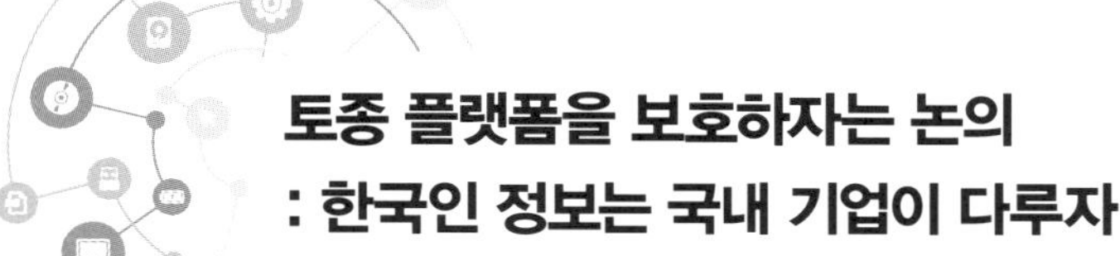

토종 플랫폼을 보호하자는 논의
: 한국인 정보는 국내 기업이 다루자

토종 플랫폼의 보호론 또는 역차별론의 배경

토종 플랫폼을 보호하자는 주장은 자유 무역을 근간으로 하는 오늘날 국제 질서에서 금기에 가까움에도 종종 언급된다. 토종 플랫폼들이 세계적 혁신의 흐름을 따라가지 못해 미국 IT 플랫폼 수준이 되기까지는 시간이 필요하니, 중국처럼 법과 규제로 어떻게든 외국 플랫폼의 시장 진입 또는 확장을 막아달라는 것이다(즉, 일종의 유치 산업 보호론이다). 예컨대 2009년 아이폰 국내 출시를 둘러싼 상황을 보면, 정부의 '의도'가 실제로 그랬는지는 의문이나 어쨌든 그 '효과'로 당시의 3대 국내 휴대폰 규제[3]가 아이폰 국내 출시를 2년가량 늦춘 것은 부인할 수 없는 사실이다(그동안 옴니아는 시간을 벌어 갤럭시로 우화羽化한다). 지금까지의 모바일 플랫폼들의 게임, 음원, 전자결제 등 국내 서비스 출시 지연도 대략 규제가 원인이라고 보면 된다. 이런 일을 겪으며 트렌드에 예민한 소비자들은 소비자의 선택권을 제한하는 국내 시장 보호론에 상당한 거부감을 느끼게 된 것으로 보인다.

법 집행이나 규제와 관련한 '국내 사업자 역차별론'은 이에 비하면 현실적이다. 현재 한국의 IT 규제는 방대하고 가혹하며 불합리해서 대수술이 시급한 수준이다. 실리콘밸리에서 한국은 중국, 브라질과 함께 세계에서 가장 불합리한 IT 규제를 가진 3대 국가로 자주 언급되는 것 같다. 개인적으로 현존하는 IT 관련 규제 중 5분의 4 정도는 없어져야 할 규제라고 생각한다. 각 부처가 첨단 부처의 위상을 드높인다며 IT라면 무조건 법부터 만든 덕분에, 대부분 같은 현상이라도 온라인이면 오프라인보다 강력한 규제나 처벌을 받는다. 예를 들어 무심코 맵 API를 활용하여 모바일 앱을 만든 고교생을 전과자로 만드는 위치정보법이 그 예이다. 여러 부처가 중복 법률을 많이 만든 탓에 한 사안에 다른 법이 동시에 적용되어 서로 충돌하기도 한다. 예를 들어 핀테크를 위해 보안 투자를 하려면 전자금융감독규정상 보안 규정, 방송통신위원회가 요구하는 ISMS 인증 기준, 정보통신망법 등 개인정보 법령상 보안 조치 중 무엇을 따라야 할지 마땅한 기준이 없는 것이다. 같은 정보라도 어느 부처가 관할하는 법 적용 대상인지에 따라 일일이 분류하여 다른 조치를 취해야 한다[4]. 기술 중립성도 제대로 지키지 않아 기술 발전을 저해한다[5]. 그리고 뭐든 소비자에게 잔뜩 표시·고지하게 하는 것이 세상만사를 해결할 수 있다는 신념이 강하게 투영되어 있다는 생각이 든다. 요구되는 표시·고지 사항이 스마트폰 화면에 다 담는 것이 불가능할 정도로 너무 많아서 시각 공해 수준일 뿐만 아니라, 사용자 환경UI을 망가뜨리며, 이용을 불편하게 만든다. 외국 사이트에서 마우스 클릭 한 번으로 쇼핑할 때, 국내에서는 전자상거래법 등 각종 법에 의해 강요된 30여 건의 고지 사항을 보고 10여 건의 클릭을 해야 구매할 수 있는 것이다. 사업가들이 트렌드 세팅을 위해 새로운 IT 용어를 만들면, 기존의 법이 어떻게 적용되고 있는지를 숙고하기 전에 그저 첨단 부서의 위상을 드높이고자 이 용어를 제목에 포함시킨 법을 또 만든다. 결국 사업자는 같은 사안에 적용되는 법만 하나 더 늘어나 괴롭다. 기존 법체계로 규율되는 웹 호스팅과 근본적으로 다르지 않은 클라우드 컴퓨팅에 대해 별도의 법을 만들어 발생하는 혼란이 그 예이다. 빅데이터가 대세면 빅데이터법을, 알파고가 대세면 인공지능법을 준비하는 식이다. 또한 형사법상으로는 방조 책임을 그 합리적인 범위에 대한 고민 없이 플랫폼 임직원에 과도하게 추궁하는 경향이 있다. 해당 사이트에서 벌어지는 명예 훼손, 모욕, 지재권 침해, 음란물, 아동청소년물, 각종 산업 규제 위반 등을 실시간으로 모니터링을 하며 모든 책임을 져야 한다는 논리이다.

이 와중에 국내 기업이 외국 기업보다 '재판관할'이나 '입법관할'(또는 '규제관할')[6]이 쉽게 인정되어 민형사 재판이나 행정 규제 시 위와 같은 법들이 더 쉽게 적용될 수 있는 것은 사실이다. 이런 이론적인 관할 논의를 다 떠나, 국내 사업장에 주요 인물이 다 들어와 있다면 일단 어떤 조치를 취하거나 압박하기 쉬운 것은 당연하다. 즉, 외국 기업에 법 집행을 할 수 있는 능력, 다시 말해 '집행관할'이 현실화된다. 국내 주요 대형 플랫폼을 보면 창업자들이 대표이사가 아니라 이사회 의장

신분일 때가 많다. 필자가 그 이유를 완전히 이해한다고 자신할 수는 없지만, 이는 전국 경찰서에서 플랫폼상에서 일어나는 온갖 자질구레한 일들(대부분 당사자끼리 알아서 해결하면 될 일들)에 방조 책임을 묻는다며 대표이사 앞으로 1년에 많게는 수백 번씩 소환장을 보내고, 실제로도 형사 책임을 묻는 현실과 무관하지 않을 것이다. 한국에서 주요 IT 플랫폼 대표직이란 '교도소 담장 위를 걷는', 또는 성매매법이나 아동청소년법 위반 사범이라는 주홍글씨를 받아들여야 하는, 대단히 큰 각오와 희생이 필요한 위치이다. 반면 실리콘밸리의 플랫폼 경영자들은, 연방통신품위법CDA 230조에 따라 플랫폼에서 일어나는 모든 일들에 이유를 불문하고 면책된다. 단, 연방 IP법은 제외되지만, 이들 또한 일정한 요건을 갖추면 면책 규정safe harbor의 보호를 받는다.

한국 역대 대통령들은 실리콘밸리 플랫폼 경영자들이나 중국의 마윈 같은 인물들을 청와대에 초청하여 함께 악수하는 사진을 신문 머리기사로 올리고 싶어 한다. 그들이 다녀가면 당분간은 대놓고 규제하기가 머쓱해질 수도 있는데, 실제 그런 경우도 간혹 있다. 이런 상황에서 '역차별론'이 실체가 없다며 무조건 폄하하기는 어렵다. 다만 분명한 것은, 적어도 국내 소비자에 대한 관계(B2C)에서는 국내 고객 모집 활동을 근거로 외국 기업에 한국법을 적용할 수 있으며, 실제로 적잖이 규제를 한다는 것이다. 그런데도 국내 기업보다 규제 강도가 좀 덜한 것처럼 보여서 '역차별론'이 나오는 이유 중 하나는, 앞서 살펴보았듯이 엉망인 규제를 외국 사업자에게 그대로 적용하려니 외신에서 망신을 당할 것이 부담스러워 접는 경우가 상당하기 때문이다. 2009년 유튜브에 '인터넷게시판본인확인제'를 적용하려다 그만둔 사례가 대표적이다[7]. 아울러 유튜브에서 큰 화제를 모았던 싸이의 〈강남 스타일〉 뮤직비디오는 우리나라의 뮤직비디오 사전등급심의제 적용 대상이라 국내 플랫폼이었더라면 고발감이었다. 물론 그랬다면 국제적인 망신이라 유관 기관은 국내 플랫폼과 달리 그리 하지 않았다. 사실 국내외를 불문하고 인터넷 뮤직비디오 동영상을 일일이 사전 검열한다는 것이 현실적으로 가능하기는 한 일일까? 결국 규제의 합리화만이 역차별론의 근본적인 해법일 것이다.

그럼 어떻게 하는 것이 좋을까?

법과 제도로 외국 IT 플랫폼을 옭아매어 국내 기업을 육성하려는 것은 무역과 투자 협정 등 국제 규범을 위반하는 것일뿐더러 국내 소비자의 서비스 이용권 또한 무시하는 것이다. 이런 행위는 중국 같은 나라에서나 가능한 일이지, 우리나라는 그 단계는 이제 지났다고 생각한다. 세계 수위의 경제 규모를 갖추고 있는 만큼 주목을 피할 수 없는 상황에서, '정보 주권'이라는 용어를 각 계에서 보호주의 맥락으로 대놓고 사용하는 것도 신중할 필요가 있다.

다만 '역차별론'은 국내 기업들이 세계에서 가장 불합리한 수준의 IT 법령으로 고통을 받고 있다는 진실의 일면을 보여주고 있다. 따라서 '역차별론'을 국내 규제 완화를 촉발시키는 계기로 삼고, 이로써 '역차별' 또한 근본적으로 해소하고자 하는 노력이 필요하다. 이것이 '역차별론'의 가장 큰 가치라고 생각한다.

아울러 국내 시장(검색 광고, 게임, 전자상거래 3개를 제외하면 아직 크다고 할 수는 없다)에 너무 집착한 나머지, 소비자들이 직접 선택한 외국 플랫폼으로부터 억지로 떼어놓으려는 시도를 한다거나, 역으로 국내 시장이 대단히 많은 플랫폼들을 수용할 수 있다고 오인해서 기존의 국내 플랫폼 이용자 기반을 지나치게 경쟁법의 틀로 재단하는 것도 온당치 않다. 불가능이라고 했던 일본 IT 시장 석권이라는 대업을 이룬 '라인'과 같은 기적이 하나 더 일어날 수 있도록 해외 시장에 초점을 맞출 필요가 있다.

외국 IT 플랫폼 규제 근거를 강화하자는 논의

외국 IT 플랫폼의 IT 시스템을 국내에 두는 의미

유독 글로벌한 기업뿐만 아니라 어느 기업이든 IT 시스템을 통합IT integration하여 효율화시키고자 한다. 현지 규제 등을 이유로 별도의 분리된 시스템을, 게다가 현지 국가 내에 유지해야 하는 것은 곤혹스러운 일이 아닐 수 없다. 물론 클라우드 컴퓨팅 서비스 등과 같이 국내 수요자에게 높은 품질의 서비스를 제공하기 위해 데이터 패킷 처리 지연 시간latency을 줄여야 할 필요가 있을 때, 국내 시장에 POPpoint of presence 등 라우팅과 캐싱을 위한 거점을 설치하는 것만으로 그 목적 달성이 어려운 듯 보여 자발적으로 국내에 로컬 서버를 유지하고자 하는 예외적인 사례도 있을 수 있다.

그렇다면 규제 기관이 서버 등 IT 시스템의 국내 존치를 요구하는 경우는 언제일까? 먼저 특정 정보 자체에 국익과 관련한 고도의 기밀성이 있기 때문에 외국 액세스 자체를 차단하고 금지해야 하는 예외적인 경우가 있다. 정부나 지자체, 공공 기관의 IT 시스템은 국가정보원의 보안 적합성 검증을 받도록 되어 있다. 이를 위해 해당 시스템의 정보보호시스템은 IT보안인증사무국의 평가인증(CC인증)을, 암호화 모듈은 국가보안기술연구소의 암호모듈검증KCMVP을 받아야 한다. 외국 사업자가 자기 시스템에 이런 기준을 통과한 장비를 적용하는 것은 현실적으로 어렵기 때문에, 아직 공공 부문에는 외국 클라우드 플랫폼 등이 진출하지 못하고 있다. 적어도 공공 부문에는 장벽이 존재하는 셈이다. 덧붙여 방위 사업에 외자 업체가 참여할 때도 방위사업법과 방위산업기술보호법에 따라 해외 본사 서버와 분리된 채 해당 프로젝트를 위한 IT 시스템 안에서만 정보를 처리하도록 되어 있다. 바세나르협약[8] 등 다자간 수출 통제 체제를 반영하고 있는 대외무역법에 따라 전략 물자와 전략 기술의 해외 반출이 통제된다. 이에 따라 해외 회사라 할지라도 반출 허가를 받기 전에는 국내 자회사 IT 시스템에 해당 정보를 보관해야 할 수 있다. 산업기술보호법상 국가 핵심 기술(전기·전자, 자동차·철도, 철강, 조선, 원자력, 정보·통신, 우주, 생명공학, 기계·로봇 기술) 등 특정 산업 기술 또한 반출 통제가 적용된다. 이들은 특수한 국익과 관련된 경우로 이에 대한 규제는 큰 논란의 대상은 아닐 것이다.

한편, 특이하게도 해외 액세스는 허용하되, 원 데이터는 국내 서버에만 두도록 하는 경우가 있다. 인터넷 지도 서비스에 사용되는 국토지리정보원의 지도 데이터는 공간정보법상 해당 기관의 승인 전에는 반출이 불가하고 외국 사업자라도 국내 서버에 저장해야 한다. 그러나 서비스를 이용하려는 해외 이용자들의 국내 서버 액세스는 금지되지 않는다. 그 결과, 어떤 이용자든 자동화된 방식으로 원 데이터를 역공정할 수 있기 때문에 서버의 위치만 규제하는 것은 별 의미가 없다는 지적이 있다.

앞서 살펴본 러시아, 중국 등의 데이터 국내화 법과 같은 맥락에서 한국인 정보의 해외 서버 반출에 제한을 거는 경우가 있다. 바로 '정보 주권론'과 관련하여 논란이 있을 만한 부분이다. 외국계 금융 기관은 그간 IT 해외 아웃소싱이 금지되어 금융거래 정보 등을 국내 지점 서버에 둘 수밖에 없었다. 그러나 2015년 금융위원회 규정이 개정되면서 해외 아웃소싱도 일정한 요건 아래 가능해졌다. 다만 국내에 본점을 둔 금융 회사의 전산실 및 재해복구센터는 해외가 아닌 국내에 설치해야 한다는 의무가 아직 남아 있다. 의료 정보 분야는 본래 전자 의무 기록의 외부 보관 자체가 금지되어 있었지만 2016년 이후 의료법 시행 규칙 등이 개정되어 일정 시설과 장비 요건 아래 아웃소싱이 가능해졌으며, 전자 의무 기록의 해외 저장과 관련된 논의도 촉발되고 있다. 한편, 개인정보 관련 법률(정보통신망법, 개인정보보호법)에 따라 국내 이용자 정보를 국외로 이전하려면 번거로운 고지가 몇 개 더 해진 상태에서 동의를 얻어야 한다. 다만 어차피 국내법에 따라 해야 할 무수한 고지와 동의들에 하나 더 추가되는 형태라 국외 이전을 위해 약간의 귀찮음을 더 감수하는 정도일 뿐, 근본적으로 이를 제한하는 것은 아니다.

국내에 전산 시스템을 둘 때의 장점

실질적으로는 세금 문제가 중요하다. 부가가치세는 해외 플랫폼도 2015년 10월부터 과세가 이루어지고 있다. 그러나 더 큰 문제는 국내에서 벌어들인 소득에 대한 과세 문제이다. 이는 외국 기업 입장에서는 아주 민감한 문제이므로 전 세계적으로 논란이 되고 있다. 다국적 기업들은 법인세율이 낮은 나라[9]에 세운 해외 법인이 지적재산권 등을 보유하면서 이를 근거로 국내에서 벌어들인 소득을 직접 인식하고, 국내 자회사에는 임직원 월급과 사무실 임대료 등 원가에 약간의 마진만 덧붙여 보전해주는 식으로 운영하는 경우가 많다. 이때 국내에서 인식되는 수익이 거의 없으므로 과세가 어렵다. 이론적으로는 과세 관청이 이런 해외 법인과 국내 자회사 간 내부 거래에 적용된 이전 가격Transfer Pricing의 적정성 여부를 문제 삼을 여지는 있지만[10], 적정성의 기준이란 것이 모호하기 때문에[11] 이도 쉬운 문제가 아니다. 이런 상황에서 국내의 주된 사업을 위한 IT 시스템을 국내에 두면 고정 사업장Permanent Establishment[12]이 인정되기 때문에 우리나라에서 벌어들인 소득에 과세할 근거가 생길 '여지'가 좀 더 생기는 것이다.

다만, 통상 국내에 시스템을 두게 한다고 할 때 규제 기관이 기대하는 것은 이보다는 앞서 살펴본 대로 아무래도 국내법과 규제를 좀 더 쉽게 적용할 수 있지 않겠냐는 것이다. 그러나 앞서 살펴봤던 대로 국내 IT법의 품질이 낮고, 아직 해외 플랫폼의 소비자 보호 문제와 관련해서 심한 문제 제기가 없는 것으로 보이는 만큼, 먼저 법을 합리적으로 잘 정비하고 나서 생각할 문제일 것이다.

스노든 사건과 관련한 맥락에서 아무래도 외국 사업자가 국내에 서버 등 IT 설비를 두면, 가입 정보, 과거 통신 내용에 대한 압수 수색이나 실시간 통신 내용에 대한 통신 제한 조치(감청) 등 강제 수사(외국에서는 주로 법 집행law enforcement 문제로 논한다)에 대한 협조가 쉬워질 수 있다. 역으로 이용자 입장에서는, 토종 플랫폼이 가입 정보나 통신 내용 등이 무방비로 국내 수사 기관에 넘긴다는 이유를 앞세워 외국 플랫폼으로 소위 '사이버 망명'을 할 수도 있다.

이 지점에서 앞서 언급했던 '역차별론'과도 연결해볼 수 있다. 그런데 여기에는 많은 오해가 있고, 그 오해 때문에 국내 플랫폼 사업자가 애꿎은 곤욕을 겪기도 했다. 먼저 통신 이용자 입장에서야 이런 강제 수사가 거북하겠지만 강력 사건 등 범죄 피해자에게는 시급한 협조가 큰 도움이 된다[13]. 일반 이용자도 언제든 피해자의 입장이 될 수 있다. 물론 국내 공안 사건 등에 남용되는 것이 문제가 될 수 있으나 이는 대상 범죄나 실무를 조정할 일이지 강제 수사 전부를 탓할 일은 아니라고 생각한다. 미국도 통신 내용은 원칙적으로 반도청법Wiretap Act의 보호를 받지만(일부 안보 관련 사안 제외), 수사 기관은 법원 영장이나 소환장subpoena, 또는 긴급 사유에 근거하여 이를 요구할 수 있다. 특히 가입자 정보는 반도청법 적용 대상이 아니기 때문에 이런 절차 없이도 상당히 자유롭게 입수가 가능하다.

실무상 수사 기관 입장에서도 아무리 국내 IT 플랫폼이라도 해도 공용 서비스를 위한 서버를 압수 수색한다는 것은 꽤나 부담스러운 일이다. 실제 데이터 센터에 진입하여 서버 장비를 반출하고 뒤진다면 서비스 중단 등 감당할 수 없는 위험이 초래될 수 있다. 따라서 범죄 수사를 위해 국내 IT 플랫폼의 가입자 정보나 IP 주소가 필요할 경우, 실제 서버에 가서 수색을 하지는 않는다. 대신 팩스나 이메일 등으로 압수 수색 영장이나 통신 제한 조치 허가장 사본을 보내고 자발적 도움을 통해 정보를 전달받는 식으로 집행한다. 물론 법에 명확한 근거가 있는지 논란은 여전하고, 이 때문에 오해를 더 키웠으나 현실적인 부분을 절충한 면도 있다.

그럼 외국 플랫폼은 현재 어떻게 할까? 수사 기밀과 관련된 예민한 주제라 여기서 상세히 설명하기는 어렵지만 결론을 말하면 (미국 반도청법 적용 대상이 아닌) 가입자 정보나 IP주소는 협조가 이루어질 때도 있고 그렇지 않을 때도 있다. 국내 가입자도 없고 현재 지사도 없는 등 국내에 이해관계가 거의 없기에 수사 기관의 요구를 대놓고 무시해도 되는 곳을 제외하면, 그 '사이버 망명'이라는 것이 생각처럼 완벽할 수 없다는 뜻이다. 미국 IT 플랫폼의 협조가 가능하든 그렇지 않든 간에 우리나라는 미국과 형사사법공조조약MLAT[14]이 체결되어 있다. 우리나라 수사 기관이 미국 법무부DoJ를 통해 수사 협조를 얻어 정보를 받아내기도 한다. 이른바 국정원 댓글 사건 때 실제로 그렇게 했다. 여기에는 반도청법 적용 대상인 통신 내용도 포함될 수 있다. 그러니 결국 우리나라에 서버를 두게 하면 이를 근거로 현실적인 부담을 안겨 자발적 도움을 이끌어내기가 쉬워지는 정도가 아닐까 싶다.

그럼 어떻게 할까?

정보 자체의 기밀성을 유지하기 위한 규제는 논외로 하면, 한국인의 정보, 특히 금융 정보나 의료 정보 등 민감한 개인정보나 행동 패턴, 빅데이터 등이 국내가 아닌 특정 국가에 집적되는 상황이 우려될 수 있다. 그러나 주요 기업들이 그나마 미국 기업이라는 점이 상징하는 여러 가지 측면 때문에, 다들 당장 우려하기보다는 천천히 생각해보자는 입장이다. 앞서 살펴보았지만 현실적으로 더는 보호주의적 입장이나 국내 서버 존치 등을 통해 해결할 수 있는 사안도 아니기 때문이다.

다만 국내에서 소득을 얻는 이상, 이에 가능한 한 공평하게 과세하는 '과세 주권' 문제는 신중하고 지속적으로 검토할 필요가 있다. 관련한 국제 동향도 계속 살펴보며 발걸음을 맞춰야 할 것이다.

아울러 앞서 살펴보았듯이 국내에 전산 시스템을 두게 하면 일정한 장점들이 있다. 따라서 해외 클라우드 컴퓨팅 플랫폼들의 인터넷데이터센터_{IDC}[15] 유치에 대해 좀 더 전향적으로 고민해볼 필요가 있다. 해외 플랫폼들의 IDC를 유치하면 그 고객들의 서버까지 국내에 이전되는 효과가 생길 수 있고, 이에 앞서 살펴본 장점들이 따라올 것이다. IDC는 고용 창출이나 산업 연관 효과가 크지 않다 또는 전력을 많이 소비하여 에너지 정책상 부담이 된다는 반론도 있지만, 이런 장기적인 장점들을 충분히 고려할 필요가 있을 것이다. 이와 더불어 국내 IDC 산업도 더욱 발전할 수 있도록, 공공 부문 클라우드 컴퓨팅 개방 정책과 연계하여 적극적인 정책을 펼 필요가 있을 것이다.

근본적인 해결 방안

이상 '정보 주권'이라는, 실체는 불분명하나 상당히 자주 쓰이는 개념의 의미와 배경, 대책을 살펴보았다. 결국은 소비자의 선택과 국제 거래 질서를 무시할 수는 없다. 소득이 있는 곳에 과세한다는 '과세 주권' 이슈를 제외하면 실질적으로는 규제 합리화를 중심으로 접근해야 할 것이다. 역시 근본적인 해결 방안은 외국 플랫폼의 진출을 그간 국내 사업자들이 잘못된 법제도로 인해 받아야 했던 괴로움을 해결하는 단초로 삼고, 나아가 국내 사업자들이 좁은 국내 IT 시장보다는 너른 세계 IT 시장에 진출할 수 있는 길을 연구하고 모색하는 데 있다고 생각한다.

10장

공인인증서와 전자서명의 미래

전응준

유미 법무법인 변호사

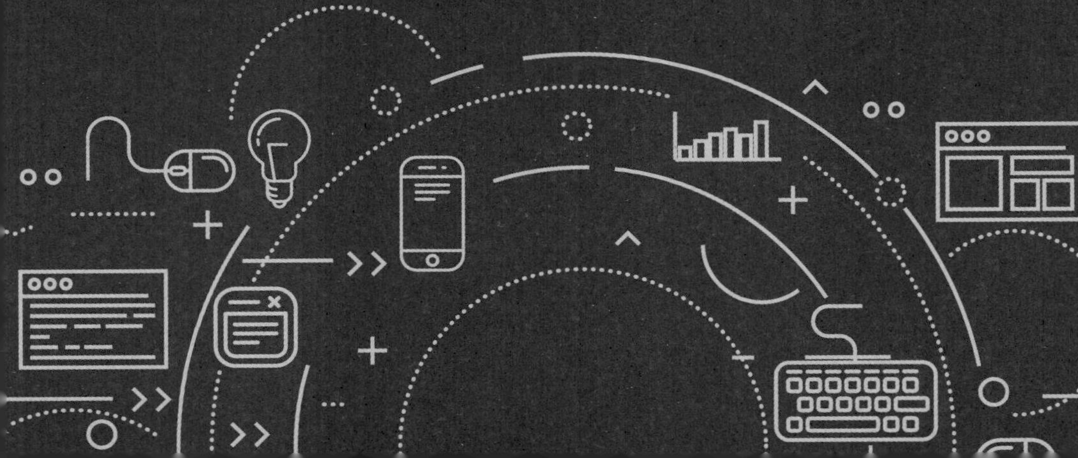

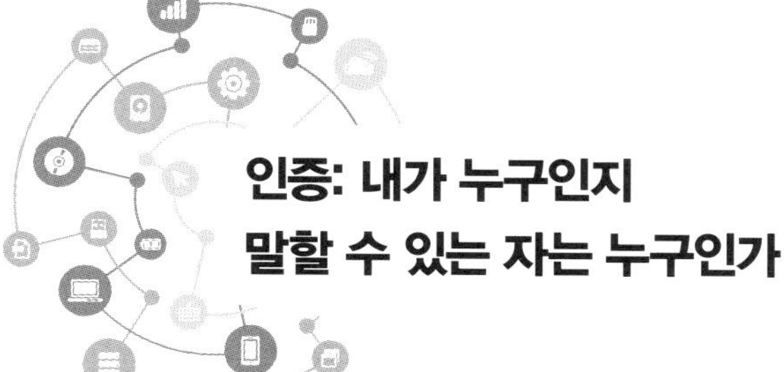

인증: 내가 누구인지
말할 수 있는 자는 누구인가

인터넷 시대에 진입하면서 직접 만나지 않고 온라인상으로 거래를 진행하는 비대면적인 관계가 많아졌다. 비대면 관계는 비용 면에서 유리하지만 대면 관계에 비해 거래의 진정성 면에서 취약하기 때문에 이를 뒷받침할 수 있는 법적·기술적 수단이 필요하다. 그중 하나가 바로 온라인 본인 인증이다. 오프라인 세계에서 본인 인증은 그리 문제되지 않는다. 대면 관계를 전제로 하는 오프라인 세계에서는 본인 인증을 아예 요구하지 않거나(상점에서 물건 살 때 본인 확인을 하는 경우는 매우 드물다), 경우에 따라 소지한 신분증을 제시하면 되고 여차하면 본인의 얼굴처럼 본인의 존재 자체가 인증 수단이 될 수 있다. 그러나 온라인에서는 다르다. 비대면 관계로 이루어지는 온라인 세계에서는 사람의 동일성을 속이기 쉽고 심지어 기계가 사람을 가장할 수도 있기 때문이다. 따라서 온라인에서는 상대방에게 내가 누구인지 밝혀야 하고 나아가 공신력 있는 제3자가 이를 입증해줄 필요가 있다. 내가 누구인지를 증명하는 것이 인증이고 내가 누구인지를 말해줄 공신력 있는 제3자가 인증 기관이다. 인증 기관을 선정하는 데는 인증 기관으로서 지니는 공신력을 국가의 힘으로 인정할 것인지 아니면 시장 자율에 맡긴 경쟁으로 공신력을 발생시킬 것인지, 두 가지 선택지가 존재한다.

셰익스피어의 비극『리어왕』1막 4장에는 리어가 "아아, 나는 잠들었는가, 깨어 있는가. 내가 누구인지 말할 수 있는 자는 누구인가Who is it that can tell me who I am"라고 말하는 장면이 있다. 리어가 자식에 대한 배신감과 분노 속에서 말하는 것이라 전혀 맥락이 다르지만, 현재 온라인 세계에서도 가장과 기만이 성행하고 있다는 점에서 온라인 세계에 있는 '나'를 밝히고 증명하는 것은 쉽지 않을 것이다.

그렇다면 온라인 세계에서 내가 누구인지는 어떻게 입증할 수 있을까? 온라인 세계에 있는 '나'는 오프라인 세계에 있는 '나'를 기초로 하고 있다. 따라서 온라인의 '나'를 인증하기 위해서는 무엇보다 오프라인 세계에서부터 철저한 신원 확인 절차를 거쳐야 한다. 같은 맥락에서 인증 기관은 엄격한 대면 신원 확인 절차에 기하여 이용자 본인임을 확인하고 온라인상의 인증에서 사용할 수 있는 어떤 파일을 건네주는데, 이것이 바로 전자서명법상의 전자서명생성정보이다(PKI 기반에서는 전자서명생성키, 개인키, 비밀키라고 부른다). 본인 확인에 사용되는 만큼, 전자서명생성정보는 이용자 본인에 의하여만 지배, 관리되어야 하고 타인에 의하여 발급되거나 관리되어서는 안 된다. 후술하겠지만 현재와 같이 전자서명생성정보가 디스크 일반 폴더에서 쉽게 복사되어 여러 디바이스에 저장될 수 있게 하는 것은 이용자 본인이 전자서명생성정보를 배타적으로 지배, 관리하고 있다는 사실을 100% 담보할 수 없으므로, 전자서명법의 취지상 바람직한 것이 아니다. 전자서명법 제2조는 '인증'을 전자서명생성정보가 가입자에게 유일하게 속한다는 사실을 확인하고 이를 증명하는 행위를 말한다고 규정한다. 이는 전자서명(이는 원본 문서의 해시 값을 전자서명생성정보로 암호화한 데이터를 의미한다)을 만드는 전자서명생성정보가 인증 기관에 의하여 엄격한 대면 신원 확인을 거쳐 유일하게 발급되는 만큼, 전자서명생성정보를 보유하고 사용하는 자가 이용자 본인이라고 추정할 수 있다는 의미이다.

신뢰할 수 있는 인증 기관의 설계

온라인 세계는 오프라인 세계와 같은 점도 있고 다른 점도 있다. 온라인 세계는 규칙에 따라 인위적으로 만드는 설계 작품과 같다. 설계라는 관점에서 보면, 온라인 세계를 오프라인 세계와 본질적으로 동일하다고 보고 같은 수준의 법적 규율을 하면 충분하다는 견해도 있을 수 있다. 반면, 온라인 세계는 위험하므로 오프라인 세계보다 더 엄격한 규율이 필요하다는 견해도 있을 수 있다. 현재 우리나라 전자서명법이 채택하고 있는 공인인증 제도는 후자의 입장에 가깝다. 예컨대 전자서명법은 공인인증서 발급 시 대면 신원 확인 원칙을 엄격히 고수하고 사실상 대리인이나 비대면 확인에 의한 발급을 허용하지 않는다. 때문에 이용자는 공인인증서를 발급받기 위해 최소 한 번은 은행을 방문해야 한다(유일한 예외는 금융실명법에 따라 은행 계좌 실명이 확인된 경우뿐이다. 이때는 온라인으로 공인인증서를 발급받을 수 있다). 인터넷 뱅킹 접속 시 보안 프로그램 3종 세트(키보드 보안, 백신, 방화벽)를 클라이언트 컴퓨터에 무조건 설치하도록 하고 전자상거래와 인터넷 뱅킹에서 공인인증서 사용을 의무화한 것 또한 온라인 세계가 위험하니 엄격한 조치가 필요하다는 생각에서 비롯되었을 것이다.

그렇다면 온갖 형태의 협잡과 사기가 난무하는 인터넷에서 내가 누구인지 확인해줄 신뢰성 있는 인증 기관은 어떻게 설계되어야 할까. 인증 기관을 신뢰할 수 없다면 온라인상의 거래 당사자는 서로의 행위를 믿을 수 없으므로 이 문제는 대단히 신중히 접근해야 한다. 이에 대해 전자서명법은 온라인의 위험성을 고려하고 우리 사회의 국가주의적 전통을 반영하여 인증 기관을 국가공인제로 설계했다. 본래 신뢰성이라는 개념은 시장에서 자연적으로 형성되는 것이 원칙이고, 국가 행위나 면허에 따라 인위적으로 설정되는 것이라면 신뢰라는 개념보다는 지위라는 개념이 더 어울린다. 우리나라는 국가의 지정 행위에 의하여 (공인) 인증 기관으로서 법적 지위가 결정되고 국가 감독에 의해 인증 기관의 공신력이 담보되는 체계를 선택했다. 시장이 협소하거나 국내 기업이 후발 주자일 때는 국내 시장을 보호한다는 차원에서 이런 국가 공인 제도가 어느 정도 유용한 면이 있다. 이런 공인 시스템이 잘 작동하려면 인증 기관에 대한 감독이 효과적으로 이루어져야 한다. 인증 기관의 부주의로 공인인증서가 대량 발급되는 사건이 발생한다면, 개별 피해자의 손해도 문제지만 인증 제도 자체의 신뢰를 저하시키므로, 온라인상에서 이루어지는 거래 전체가 영향을 받기 때문이다.

　현재 방식과 달리 향후 공인인증 제도는 시장 자율에 맡겨야 한다는 주장도 강해지고 있다. 그것이 국가공인 제도의 폐지를 의미하는지 아니면 사회 전 영역에서 공인인증서 의무 사용의 폐지를 의미하는지는 불분명하다(전자상거래 등에서 공인인증서 사용 의무는 폐지되었지만 정부 조달, 법인 거래 영역에서는 여전히 대부분 공인인증서를 요구한다).

　우리 사회는 전반적으로 관 주도에서 민간 주도 경제로 이행 중이다. 그 과정에서 규제 산업의 상당 부분이 시장 경쟁과 자율 규제 영역으로 이전했다. 공인인증 제도도 그중 하나가 될 가능성이 있다. 어느 방향으로 가야 한다는 이념적 관점이 중요한 것이 아니라, 어느 방식이 우리 현실에서 인증 기관의 공신력을 실제로 확보할 수 있는가라는 주제를 고민해야 할 때이다. 현실적으로 인증 기관에 대한 국가의 충실한 감독이 불가능한 상황이라면, 국가공인 제도는 타당하지 않을 것이다(보안 서버 인증서의 경우, 종종 인증 기관이 인증서를 부실 발급했다는 보도가 있어 충격을 준다). 반대로 우리 현실상 시장 자율에 맡겼을 때 인증 기관이 그 공익적 임무를 제대로 수행할 수 없거나 외국의 대형 인증 기관에 견주었을 때 국내 인증 기관이 제대로 경쟁할 수 없는 상황이라면 시장 자율화는 오히려 부정적인 결과만을 가져올 것이다.

공인인증서를 둘러싼 오해

그간 공인인증서를 둘러싸고 여러 종류의 오류가 있었다. 대표적으로 공인인증서를 액티브 엑스ActiveX와 동일시하여 본래 액티브 엑스 탓으로 봐야 할 것을 공인인증서의 책임으로 싸잡아 비난하거나, 공인인증서를 PKIPublic Key Infrastructure 기반 인증 자체와 등치시켜서 PKI 인증이 중요하니 공인인증서도 중요하다는 논리를 들 수 있다. 이런 주장은 우리 인증 제도의 미래를 설계하는 데 방해가 될 뿐이므로 향후 자제되어야 할 것이다.

기본적으로 공인인증 제도는 전자문서를 완성한다는 전자서명의 관점에서 바라봐야 한다. 공인인증서에 기반을 둔 공인 전자서명은 전자문서의 진정 성립과 무결성을 추정하고 서명자가 추후 변심하여 서명에 기초한 거래 사실을 부인할 수 없도록 부인 방지 기능을 수행하여 거래의 안전성을 확보하는 것이 근본적인 임무이다(전자서명법

보호 구간	보안 기능	보안 수단
이용자 클라이언트와 금융 기관 서버	기밀성(응용 계층)	안전한 암호화 알고리즘(AES, SEED 등)에 의한 응용계층 보안채널
	이용자 인증(신원 확인)	보안카드, OTP, 공인인증서, 아이디/패스워드
이용자 클라이언트	이용자 컴퓨터 보안	개인방화벽, 키보드 보안, 백신

제3조). 다만 PKI기반의 공인인증 방식이 갖는 신원 확인 기능 때문에 실무적으로는 보안과 혼용될 수는 있다. 다음의 표에서 보다시피 보안 요소 중 하나인 이용자 인증(쉽게 말하면 로그인)을 공인인증서의 신원 확인 기능으로도 수행할 수 있기 때문에 공인인증서를 활용하여 보안 프레임을 설계할 수 있다.

공인인증서가 실무적으로 보안 수단으로 활용되면서 공인인증서 구동 프로그램(가입자 소프트웨어)이 보안 프로그램인 키보드 보안, 온라인 백신, 개인 방화벽과 함께 번들링되어 배포되었다. 나아가 당시 보편적인 기술이었지만 보안상 큰 결함이 있었던 액티브 엑스 기술로 위와 같은 프로그램들이 배포되자 이용자들은 보안 프로그램과 공인인증서 구동 프로그램을 싸잡아서 비판하는 상황에 이르렀다. 사실 과거 액티브 엑스를 사용하여 언급한 프로그램들을 배포한 것에 여타 OS 배제 등의 특별한 의도가 있었다고 보기는 어렵다. 당시 웹 브라우저 시장을 장악했던 마이크로소프트의 인터넷 익스플로러에서 액티브 엑스가 사용되었기 때문에, 개발자들이 이에 익숙했던 우연한 사정에 기인한다고 봐야 할 것이다. 그리고 이용자들이 불만을 가진 정확한 지점은 인터넷 뱅킹 등에 접속할 때마다 여러 개의 프로그램이 한꺼번에 설치되고 그 설치 과정에서 여러 가지 오류가 발생해서 결국 서비스 이용에 실패하거나 큰 불편함을 느낀다는 것이었다. 이는 종래 국내 보안 기술이 서버 보안이 아닌 클라이언트 보안에 집중하여 이용자 단말기에 보안 관련 프로그램들을 강압적으로 설치했기 때문에 발생하는 현상이다(클라이언트 보안에 집중한 이유는 기술적인 환경뿐만 아니라 후술하듯이 전자금융거래법 제9조의 금융 기관 면책 이슈가 있었기 때문이다). 이렇듯 액티브 엑스가 지닌 보안상의 결함과 클라이언트 보안에 치중하는 국내 보안 환경의 문제점은 공인인증서와는 본질적으로 관계가 없다. 따라서 이를 이유로 공인인증서 폐지를 논하는 것은 타당하지 않다.

반대로 현행 제도의 타당성을 주장하는 과정에서 PKI와 공인인증 제도의 관계에 관하여 개념상의 혼란이 발견되기도 한다. 지금의 공인인증서는 거의 대부분 PKI 기반의 인증 기술을 채택하고 있다. PKI 기반의 암호화 방식이 기술적으로 장점이 있다는 것은 명백한 사실이다. 공인인증서 의무 사용이 폐지되고 더 나아가 인증서 국가 공인 제도도 존속할 필요가 없다는 견해가 등장하자, 반대 입장에서는 PKI가 기술적으로 우월하므로 공인인증서도 필수라는 주장이 언론의 이름으로 종종 배포된다. 그러나 현재 공인인증 제도 비판론의 핵심은 PKI 기반의 인증 기술을 부인하는 것이 아니라 인증 기관이 국가 지정으로 공인될 필요는 없다는 것이다. 이런 비판론은 인증 시장을 민간 자율에 맡겨야 하므로, 법령상 일정한 기준을 충족한다면 고급 전자서명으로 인정하거나 정부를 비롯한 공공 기관에 한정하여 현행 공인인증 제도를 유지해야 한다고 주장한다. 이와 같은 견해에 대해 PKI의 장점을 들어 공인인증 제도를 현행대로 유지해야 한다고 반박하는 것은 논점을 회피하는 것이다.

전자상거래와 인터넷 뱅킹에서 공인인증서의 의무적 사용이 폐지된 지금, 공인인증 제도의 미래를 고민하는 것은 매우 의미 있다. 의무 사용이 폐지되고 시장의 선택에 따라 공인인증서가 사용되기 때문에, 어떻게 보면 지금부터가 공인인증서의 진가가 나타나야 할 시점이 아닌가 한다. 공과를 나눌 수 있겠지만 공인인증 제도가 현재의 인터넷 뱅킹과 전자 금융거래에 큰 기여를 했다는 점은 부인할 수 없다. 이는 국가가 감독 기관이 되어 인증 기관을 관리하고 공인인증 기관 인증서에 기초한 전자서명을 고급 전자서명으로 인정한 법체계가 상당히 효과를 발휘했다는 것을 의미한다. 물론 미국처럼 인증 시장을 민간에 맡겨 여러 민간 기업이 최상위 인증 기관이 되도록 하는 것도 하나의 방안이다. 하지만 우리나라와 같이 시장이 작은 경우에는 공공 영역이 최상위 인증 기관이자 감독 기관이 되고, 일정한 기준을 충족한 민간 기업이 높은 수준의 인증서를 발급할 수 있게 하는 것이 하나의 방안이 될 수 있을 것이다. 다만 기득권자를 보호하려는 차원에서 이를 마치 허가제처럼 운영하는 것은 마땅히 경계해야 한다. 독일의 전자서명법과 2014년 유럽연합이 정한 'eIDAS_{electronic identification and signatures regulation}' 규정에서 보듯이, 감독 기관이 일정 기준을 충족한 인증 기관에게 고급 인증 서비스 제공자로서 그 지위를 부여하고 해당 인증 기

관이 발행한 인증서에 기초한 전자서명을 고급 전자서명으로 보고 수
기서명과 동등한 법적 효과를 인정한 입법례도 참고할 필요가 있다.
이런 입법례는 큰 틀에서 보면 우리의 법제와 상당히 유사해 보인다.

인증서의 구조와 효력

지금까지 인증서를 제도와 정책의 관점에서 논의했다. 지금부터는 인증서의 효력 등을 정확히 이해하기 위해 인증서의 기술적 구조와 인증 방식을 살펴볼 필요가 있다.

전자서명으로서 일반적으로 사용되는 디지털 서명, 즉 PKI_{Public Key Infrastructure} 방식의 전자서명은 기본적으로 ① 서명자의 신원을 확인하는 '신원의 동일성 확인 기능', ② 전자서명 작성자가 작성한 내용이 송신 과정에서 위조 또는 변조되었는지 그 여부를 확인할 수 있는 '전자문서의 무결성 확보 기능', ③ 전자문서를 서명하여 보낸 사람이 그 문서 전송을 부인하거나 수신된 문서가 전송한 내용과 동일하지 않다고 주장할 수 없는 '거래 사실 부인 방지 기능'을 지닌다. 이는 PKI 방식의 암호화 구조가 가지는 기술적 특성으로 보장된다. PKI 방식의 전자서명 알고리즘은 다음과 같다. ① 송신자는 송신할 전자문서에 해시함수를 적용하여 일정한 고정 크기를 가지는 해시값(메시지 다이제스트)을 구한다. ② 위 해시값을 전자서명생성키(전자서명생성정보, 개인키, 비밀키)에 의하여 암호화하여 전자서명을 만든다(즉, 전자서명은 해시값을 비밀키로 암호화한 데이터이다). ③ 송신자는 위 전자서명을 전자문서와 함께 송신한다. ④ 전자문서와 전자서명을 수신한 수신자는 통상 송신자의 인증서에 수록된 전자서명검증키(전자서명검증정보, 공개키)를 이용하여 수신한 전자서명을 복호화한다. 이렇게 함으로써 수신자는 송신자가 생성한 전자문서 해시값을 얻을 수 있다. ⑤ 수신된 전자문서 원본에 대하여 송신자가 사용한 해시함수를 이용하여 전자문서 원본의 해시값을 구한다. ⑥ 전자서명을 복호화하여 얻은 해시값과 앞서 구한 전자문서 원본의 해시값을 비교한다. 두 해시값이 동일하면 수신된 전자문서가 송신된 전자문서 원본과 동일하다는 것을 의미하고 전자서명의 서명자가 해당 전자문서를 송신한 것으로 기술 원리상 추정한다. 인증서는 이 과정에서 인증서에 수록된 전자서명검증키가 서명자의 전자서명생성키에 대응된다는 사실을 보증한다.

한편, 인증은 크게 클라이언트 인증과 서버 인증으로 나눌 수 있다. 클라이언트 인증은 특정 서비스를 요구하는 클라이언트 컴퓨터를 식별하기 위한 인증이고, 서버 인증은 특정 서비스를 제공하는 서버 컴퓨터를 식별하기 위한 인증이다. 우리에게 익숙한 공인인증서는 클라이언트 인증서이다. 서버 인증서는 주로 웹 서버와 클라이언트가 SSL Secure Socket Layer이라는 암호화 통신을 하기 위해 사용된다. 사이트 주

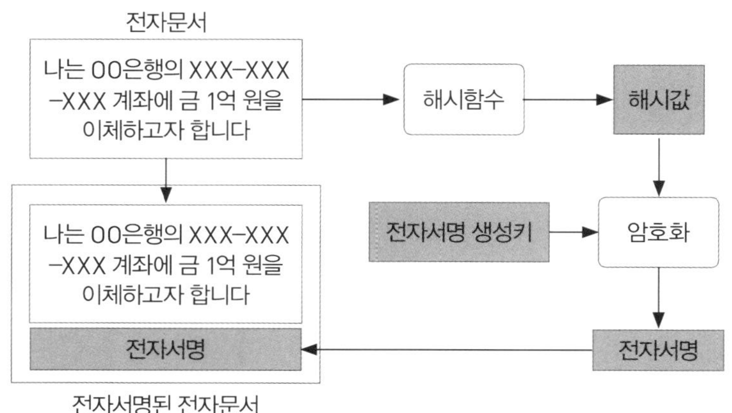

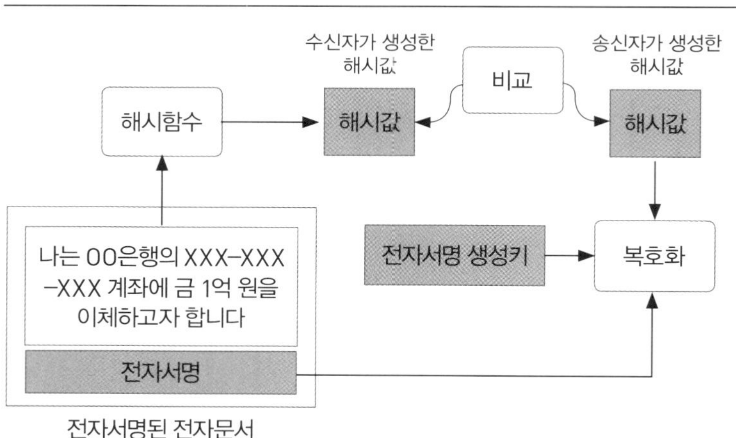

소가 'https://'로 시작하고 웹 브라우저 주소창에 열쇠 표시나 색상 표시가 나타나면 해당 웹사이트와 내 컴퓨터의 웹 브라우저가 SSL 암

호화 통신을 하고 있다는 것을 의미한다.

　PKI 기반의 인증 방식은 기술적으로 신원 확인, 무결성, 부인 방지 기능을 보장한다(물론 여기서도 해킹의 위험은 있다). 이런 기술적 알고리즘에 근거하여 전자서명법 제3조는 공인인증서에 기초한 공인 전자서명이 있는 전자문서는 문서의 진정 성립과 전자서명 이후 당해 전자문서가 위조 또는 변조되지 않았음을 추정하고, 사설인증서에 기초한 비공인 전자서명에는 당사자 간 약정에 따른 서명으로서만 효력을 부여한다. 여기서 '당사자 간 약정에 따른 서명'이라는 표현의 의미가 다소 불분명하다. 그러나 대체로 이 표현 자체에 큰 의미를 두지 않는다. 공인 전자서명과 대비하여 문서의 진정 성립에 대한 법률적 추정력이 없다는 것에 불과하다는 의미로 해석하고, 비공인 전자서명도 서명으로서 효력이 있으나 다만 법관의 자유 심증에 따라 진정 성립 여부에 대한 판단이 달라질 수 있다는 정도로 해석한다.

　그렇다면 사설인증서(공인인증서가 아닌 인증서)로 인증된 비공인 전자서명이라고 해도 PKI 기반 암호화 방식과 ITU-T 표준인 X.509 v3 인증서 방식에 의하여 서명되었고, 적어도 금융위원회가 제시한 수준의 비대면 확인 방법에 따라 인증서 및 전자서명 생성 정보가 발급·생성된 경우라면 법원도 당해 비공인 전자서명으로 이루어진 전자문서의 진정 성립을 쉽게 부인하기 어려울 것이다. 이런 비공인 전자서명은 사실 공인 전자서명과 다를 바가 없기 때문이다. 나아가 PKI 방식이 아니더라도 문서의 진정 성립과 무결성에 대해 합리적인 의심을 품을 수 없는 만큼 엄격한 절차에 따라 전자서명이 이루어졌다면 향후 분쟁 과정에서도 당해 전자문서의 진정 성립을 인정받을 수 있는 가능성이 높아 보인다. 결론적으로 전자서명법 제3조에서 인정한 공인 전자서명에 대한 법률상 추정력은 실제 현실에서 보면 비공인 전자서명에 본질적으로 우월한 힘을 부여하고 있다고 보기는 어렵다. 전자서명은 어떤 형태든 서명으로서 효력을 가지므로, 입증 여하에 따라 문서의 진정 성립 여부가 결정될 따름이며 고급 전자서명은 그에 더해 추가적인 효력을 가진다고 보는 것이 국제적인 흐름인 듯하다. 공인인증서와 사설인증서는 언뜻 보면 큰 법적인 차이가 있어 보이지만 적어도 전자서명법 범위 내에서는 실질적인 차이가 없다고 할 수 있다. 같은 맥락에서, 전자서명법에서 인증서의 공인 제도를 폐지하는 것만으로는 특별한 의미가 없다고 본다. 뒤에서 다시 논의하겠지만, 이는 인증서가 쓰이는 다른 법령, 특히 전자금융거래법도 함께 고려해야 할 사항이다.

이처럼 PKI 암호화 방식과 같은 신원 확인 기능, 무결성, 부인 방지 효력을 긍정할 만한 기술적 알고리즘을 가진 인증 방식이라면 굳이 공인인증서에 기초한 공인 전자서명이 아니더라도 전자문서의 진정 성립 등을 인정받을 수 있다고 생각한다. 나아가 온라인 인증의 근본적인 신뢰성은 오프라인에서부터 철저한 대면 신원 확인을 한 후 인증서가 발급되는 것을 전제로 했을 때 비로소 담보될 수 있다. 또한 전자서명 당시 이용자가 자신의 전자서명 생성 정보를 지배·관리하고 있음이 확인되어야 고급 전자서명인 공인 전자서명으로 인정된다(전자서명법 제2조 제3호 나항). 쉽게 말하면 전자서명의 개인키(전자서명 생성 정보)는 그 사람 본인만 가지고 있어야 한다는 것이다. 이 점에서 감독 기관은 인증 기관이 대면 확인에 기하여 인증서를 발급하고 있는지 충실히 감독해야 하며, 전자서명 생성 정보가 이용자 본인에 의하여만 관리되고 사용될 수 있도록 적절한 기술적 조치를 해둬야 한다. 전자는 법률상 의무로 규정되어 있으므로 규범적으로 이행되고 있다고 볼 수 있으나 후자는 약간의 문제가 있다. 공인인증서가 인터넷 뱅킹에서 광범위하게 사용되면서, 우리나라 이용자는 공인인증서(및 전자서명 생성 정보)를 여러 개 복사해서 복수의 디바이스에 설치하는 경우가 많다. 이렇게 공인인증서 폴더(NPKI라는 이름의 폴더)에 쉽게 접근하여 인증서 파일을 여러 개 복사하고 여러 디바이스에서 사용할 수 있도록 하는 것이 과연 '전자서명 당시 이용자가 전자서명 생성 정보를 지배·관리하고 있을 것'이라는 공인 전자서명 요건을 충족하는 것인지 법률적 관점에서 검토할 필요가 있다. 본래 전자서명 생성 정보는 보안 토큰 등의 HSM_{Hardware Security Module}에 저장하여 외부에 복제될 수 없도록 해야 공인 전자서명의 취지에 부합한다. 그러나 그렇게 하면 이용자는 종전과 같이 여러 디바이스에서 공인인증서를 사용할 수 없으므로 현실적인 불편함이 가중된다. 이 문제는 앞으로 우리의 공인인증 제도가 풀어야 할 숙제라고 생각한다.

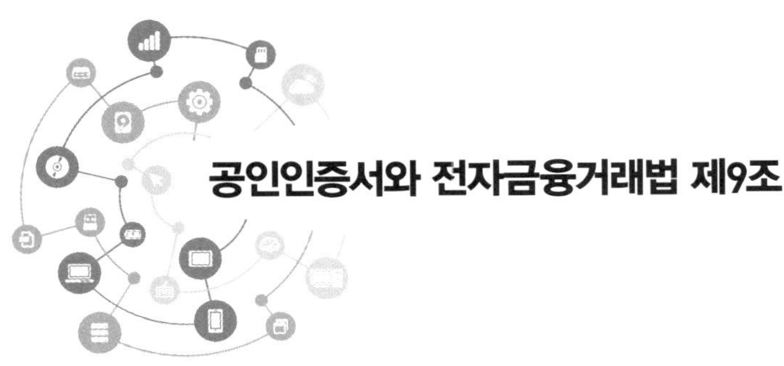

공인인증서와 전자금융거래법 제9조

앞에서 공인 전자서명은 전자서명법에 따라 법률상 혜택이 부여되기는 하지만, 사설인증서에 기초한 전자서명도 일정한 절차를 따른다면 전자문서의 진정 성립 등을 충분히 인정받을 수 있다고 이야기했다. 그렇다면 공인인증서 의무 사용이 폐지된 지금, 은행 등 금융 기관이 사설인증서를 사용하지 않고 여전히 공인인증서를 고집하는 이유는 무엇일까?

첫째, 금융 기관 입장에서는 1999년 이래 20여 년 동안 검증된 기존의 공인인증서를 굳이 마다할 필요가 없다는 것이 가장 큰 이유일 것이다. 시장의 강한 요구가 없는 한 'FIDO_{Fast Identity Online}' 등의 새로운 인증 기술을 바쁘게 도입할 이유가 없는 것이다. 둘째, (공인) 전자서명은 법률적으로 전자 금융거래의 이상적 형태라는 점을 들 수 있다. 계좌 이체 신청서라는 전자문서에 고객이 (공인) 전자서명을 하고 이를 은행이 보관하는 방식은 종래 오프라인에서 금융 기관이 익숙하게 수행하던 작업이자 법률적으로 봤을 때도 가장 이상적인 형태의 법률 행위이다. 셋째, 공인인증 제도는 지금까지 전자금융거래법상 금융 기관의 책임에 대하여 금융 기관이 감내할 수 있을 정도의 무난한 리스크 분배를 해왔다는 점이다. 문서에 서명하는 이유는 거래의 진정성을 확보하는 동시에 향후 분쟁 과정에서 면책 증거로 사용하기 위해서이다. 금융 기관의 책임을 규정한 전자금융거래법 제9조가 (공인)인증서에 대해 지금까지 어떤 태도를 보였는지를 살펴보면 향후 (공인)인증서의 미래를 어느 정도 가늠할 수 있을 것이다.

소비자로서는 다소 놀라운 내용일 수 있으나, 금융 기관의 책임을 규정한 전자금융거래법 제9조는 금융 기관의 무과실 책임을 선언하고 있다. 즉, 우리 민법을 지배하고 있는 과실 책임의 원리와 달리 금융 기관은 일정한 유형의 금융 사고에 대해서는 자신에게 과실이 전혀 없더라도 이용자인 소비자에게 손해 배상 책임을 부담한다. 다만 이런 금융 기관의 무과실 책임은 세 가지 유형의 사고에 국한되어 있다. 실제 금융 기관의 책임이 문제된 사례를 보면, 대체로 '접근 매체'에 관한 사건이 많다. 여기서 말하는 '접근 매체'란 무엇일까? 전자금융거래법은 접근 매체로, 가. 전자식 카드 및 이에 준하는 전자적 정보, 나. 전자서명생성정보 및 인증서(사설 인증서도 포함), 다. 이용자 번호, 라. 이용자의 생체 정보, 마. 가목 또는 나목의 수단이나 정보를 사용하는 데 필요한 비밀번호 등, 다섯 가지 유형의 수단과 정보를 들고 있다. 위 접근 매체는 거래 지시를 할 수 있는 도구이거나 시스템에서 본인 확인을 할 수 있는 수단들로 구성되어 있다. (공인)인증서(및 전자 서명 생성 정보)는 본인 확인의 주요 수단이므로, 전자금융거래법은 (공인)인증서를 접근 매체로 포함시켰다. 결론적으로 전자금융거래법은 (공인)인증서의 위조 또는 변조나 부당하게 유출된 (공인)인증서 이용으로 금융 사고가 발생했을 때 금융 기관의 무과실 책임을 인정하여 소비자인 이용자를 보호하려는 태도를 취한다.

그러나 이런 입법적 목표에도 불구하고 실제 사건에서 금융 사고의 피해자가 위·변조나 유출된 (공인)인증서 이용으로 발생한 손해를 금융 기관으로부터 배상받는 경우는 매우 드물다. 그 이유는 전자금융거래법이 원칙적으로 금융 기관의 무과실 책임을 인정하지만 예외적으로 이용자의 고의나 중과실이 있으면 금융 기관이 면책될 수 있다고 규정하기 때문이다. 보이스 피싱, 파밍, 스미싱 등의 사기 행위로 이용자의 계좌 번호, 계좌 비밀번호, 이체 비밀번호, 보안카드 숫자 등이 유출되고 가해자가 이런 정보를 이용하여 공인인증서를 재발급받아 계좌 이체나 대출을 받은 사건에서 법원은 대부분 이용자의 중과실을 인정하여 금융 기관의 책임을 부인했다. 수사 기관을 사칭한 가해자에게 피해자가 속아서 계좌 번호 등을 제공했더라도 객관적으로 수사 기관이 일반 시민에게 계좌 번호나 보안카드 번호까지 요구할 리 만무하므로, 이런 정보를 제공한 피해자에게 중대한 과실이 있다고 본 것이다. 그러나 중대한 과실이라는 개념은 전자금융거래법에서 특유하게 설정되어야 할 개념이 아니라 종래 우리 민법 체계에서 다수의 판례를 남긴 일반적인 개념이다. 판례는 여러 사안에서 중과실을 '거의 고의에 가까운 수준의 주의 결여가 있는 경우', '보통 요구되는 주의를 현저히 결여한 경우' 등으로 설시해왔다. 로마법에서 계수된 중과실의 개념은 고의는 아니더라도 고의에 비견되는 정도의 과실에 고의 책임과 동일한 정도의 책임을 부여하기 위하여 도입된 것이고, 판례도 같은 취지에서 중과실의 범위를 설정하고 있었다. 이렇듯 전통적으로 이해되는 중과실의 개념에 따르면, 위 사안은 대체로 경과실에 속한다. 특히 기망으로 속은 피해자에게 고의에 가까운 중과실을 인정하기는 어렵다. 그럼에도 법원은 이런 사건에서 중과실을 인정했는데, 이는 사법 해석의 잘못이라기보다는 전자금융거래법 시행령에 문제가 있기 때문이다. 특이하게도 전자금융거래법 시행령 제8조는 모법의 위임을 받아 중과실의 범위를 법정화하고 있다. 중과실의 개념이 일반적인 것임에도 법령에 따라 종래의 사법 해석을 제한하고 있는 것이다. 이에 따르면 '제3자가 권한 없이 이용자의 접근 매체를 이용하여 전자 금융거래를 할 수 있음을 알았거나 쉽게 알 수 있었음에도 불구하고 접근 매체를 누설하거나 노출 또는 방치한 경우'를 중과실로 보고 있다(전자금융거래법 시행령 제8조 제2호). 즉 '알았거나 쉽게 알 수 있었음'이라는 경과실이 있는 경우에도 시행령에 따라 중과실로 의제되고 있는 것이다. 이 시행령 규정에 따라 계좌 번호 등 각종 정보를 제공한 피해자에게 중과실을 인정할 수밖에 없는 셈이다.

이렇게 법령의 중과실 조항이 개정되지 않는 한, 피해자의 실수가 개입되어 (공인)인증서가 유출되거나 재발급되었을 때 법원이 이용자의 중과실을 부인하고 금융 기관의 손해 배상 책임을 인정하기는 어렵다고 여겨진다. 반대로, 현재 전자금융거래법 구조에서라면 금융 기관은 많은 경우 면책을 받을 수 있다. 즉, (공인)인증서를 사용하면 금융 기관은 오히려 일정 범위 내에서 책임을 면제받을 수 있는 구조인 것이다. 이와 같은 전자금융거래법의 상황을 고려한다면 금융 기관 입장에서는 전자서명법상의 공인 제도 폐지보다 전자금융거래법 시행령상의 중과실 조항 변경이 (공인)인증서 사용에 더 큰 영향력을 미칠 것으로 여겨진다. 공인인증서를 폐지하더라도 현재의 전자금융거래법 체계에서라면 금융 기관은 계속 종래의 인증서를 사용할 것으로 추측할 수 있다(최근 출범한 인터넷 전문 은행에서도 비록 초기 단계이기는 하지만 송금은 여전히 공인인증서를 사용한다는 점에 눈길이 간다).

인증 정책의 미래

공인인증서 사용의 불편함을 표현하는 것으로 "그는 공인인증서가 없는 한국인처럼 울었다"라는 표현이 인터넷에서 유행한 적이 있다. 슬픔의 최상급 표현이라는 것이다. 종래 우리 사회는 반드시 공인인증서에 의해 본인 확인이 필요하지 않는 서비스에서도 공인인증서를 요구하곤 하였다. 그에 따라 공인인증서를 발급받기 어려운 계층은 정상적인 서비스를 받지 못하는 경우도 있었다. 공인인증서가 처음 도입되었던 2000년대 초반에는 공인인증서 외에 다른 본인 확인 수단이 마땅히 존재하지 않았으나 현재는 모바일, 신용카드, 생체 인식 등의 다양한 본인 확인 수단이 시장에 등장하고 있으므로 공인인증서를 본인 확인 수단으로 고집할 필요는 없다.

사용자의 관점에서 보면, 아마도 보안 프로그램 3종 세트를 액티브엑스에 따라 의무적으로 설치해야 했던 2005년 후반부터 공인인증서 사용이 불편하다고 느껴졌을 것이다. 그 과정에서 공인인증서는 보안 프로그램, 액티브 엑스와 함께 불편함의 대명사로 자리를 잡았다. 어떤 컴퓨터 프로그램 전문가라도 액티브 엑스에 의한 설치 과정에서 단 한 번도 오류가 발생하지 않았거나 웹 브라우저 재실행을 해보지 않은 사람은 없을 것이다. 공인인증 제도가 아니더라도 PKI 기반의 인증서를 계속 사용하려고 한다면 과거와 같이 이용자에게 불편을 주는 기술적 조치는 마땅히 개선되어야 한다. 우리의 보안 현실이 서버 보안이 아닌 클라이언트 보안을 중시하기 때문에 인증서와 함께 각종 보안 프로그램들이 이용자 단말기에 설치되는 것이므로, 서버 보안에 더 많은 투자를 하여 이용자의 컴퓨팅 환경을 개선하려는 노력이 필요하다. 본래 인증은 보안의 한 영역이라 보기 어렵고 일부 관련이 있을 뿐이다. 그런데도 우리나라의 특수한 보안 환경이 인증 정책과 보안 정책의 결합을 초래한 탓에 이용자의 부담이 가중되었다.

인증서에 대한 국가 공인 제도를 폐지하더라도 해당 인증서를 사용하려는 수요는 계속 있을 것이다. 외국 인증 기관이 국내에서 등록 대행 기관RA를 모집하여 유료로 클라이언트 인증서를 발행할지 예측하기 힘들고, 어차피 인증서를 사용해야 한다면 종래의 인증서를 사용할 것이기 때문이다. 또한 공인 제도 폐지는 반대로 종래 공인인증서 사용을 금지하는 것은 아니므로, 인증서의 신뢰성을 중요시하는 정부 조달, 법인 간 거래 등에서는 여전히 과거 공인이었던 (법인)인증서를 요구할 것이다. 결국 시장의 선택에 따라 인증서 사용이 결정될 것이고 이 과정에서 종래 PKI 기반의 인증서가 기술적 장점을 발휘하여 소비자의 신뢰를 얻을 수도 있다. 인증 수단은 웹 서비스 제공자의 리스크를 기반으로 웹 서비스 제공자의 환경에 적합하도록 선택되어야 한다. 하지만 특별히 공인인증서 선택을 배제시키지 않는 것도 필요하다고 본다. 현재의 핀테크 분위기에서 공인인증서 선택은 전혀 고려 대상이 아닌 것처럼 비춰지는데, 사업자 인증 수단의 다양화는 공인인증서 채택에도 적용되어야 한다. 다만, 현행 법령 중 일부는 민간 영역에서 계약서 작성 시 요구되는 서명의 범위에 자필서명 외 공인 전자서명만을 포함하고 있으나(예컨대, 대리점거래의 공정화에 관한 법률 제5조 제2항), 적어도 민간 영역에서는 전자서명법 제3조의 취지에 따라 사설 전자서명(비공인 전자서명)도 법적 효력이 있는 서명으로 인정되어야 한다.

전자금융거래법 영역에서는 금융 기관의 책임 범위, 이용자의 중과실 범위가 인증서와 관련이 있다. 학설 중에는 미국이나 영국의 입법례에 따라 접근 매체 사용으로 책임을 제한하지 않고 무승인 거래unauthorized transfer 전부에 금융 기관의 무과실 책임을 인정해야 한다고 주장하는 견해가 있다. 만약 이와 같이 전자금융거래법이 변화한다면 인증서라는 접근 매체에 집중하여 이용자의 중과실 여부를 판단할 필요가 없어지기 때문에 금융 기관도 인증서 사용에 크게 연연하지 않을 가능성이 있다. 다만 본래 PKI 기반 인증서가 갖는 거래 사실 부인 방지 효력은 일반 소비자보다는 금융 기관을 위한 수단이므로 이를 목적으로 금융 기관이 인증서 사용을 권장할 가능성도 여전히 상존한다. 나아가 인증서 없이도 SSL 암호화 통신과 OTPone time password를 사용하여 안전한 전자 금융거래가 가능하다는 견해가 있지만, 바젤 은행감독위원회의 전자 금융 위험 관리 원칙_{Risk Management Principle for Electronic Banking} (2003. 7)은 부인 방지 기능을 요구하고 있으므로 적어도 규범적으로는 인증서 사용의 실익이 존재한다. 부인 방지 기능 확보를 위하여 PKI 암호화 방식을 취하면서 여기에 홍채 인식, 지문 인식 등의 FIDO_{Fast Identity Online} 기술을 덧붙이면 인증 기술의 사용은 더욱 편리해질 것으로 보인다.

11장

인공지능과 데이터, 그리고 법

최경진

가천대학교 법과대학 교수

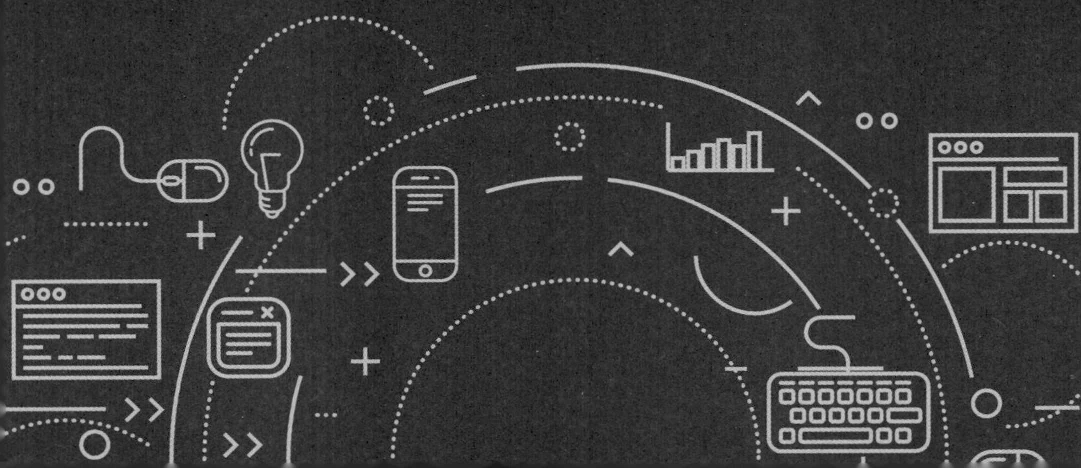

데이터 이코노미 시대

　데이터 이코노미의 시대가 열리고 있다. 데이터 이코노미는 말 그대로 데이터를 기반으로 한 경제를 말한다. 하지만 실제 데이터를 기반으로 경제가 활성화되기 위해서는 인공지능, 데이터, 데이터를 이어주는 네트워크, 데이터를 통하여 부가가치가 창출되는 서비스, 데이터가 연계되는 개별 산업 등 무수히 많은 요소들이 상호 융합되거나 유기적으로 연결되어 발전적인 상호 작용이 이루어질 때 가능하다. 데이터가 경제 활동에 활용된 것은 이미 오래 전이지만, 최근 4차 산업혁명으로 대변되는 급변의 시기에 데이터의 유용성과 활용성은 과거와는 비교할 수 없을 정도로 확대되고 그 규모도 커졌다. 데이터를 기반으로 하여 경제가 성장한다는 것은 이미 정보화 혁명을 거치면서 그 유용성을 확인한 바 있다. 그러나 4차 산업혁명 시대에는 기존보다 훨씬 더 크고 광범위하게 결합되고 활용될 예정이다. 데이터는 어느 곳에서 어떤 것에서도 얻을 수 있고, 어느 곳으로도 흘러갈 수 있으며 어느 것과도 결합하여 활용될 수 있다. 이것이 데이터 이코노미의 기본적인 전제일 것이다.

그러나 데이터에는 많은 정보가 담겨 있다. 데이터에 담겨 있는 정보에 따라 또는 데이터가 활용되는 맥락에 따라 데이터가 활용되는 기본적인 목표나 방향성을 훼손하지 않고 아무런 규제도 없이 그대로 둘 수도 있다. 반면 그렇지 않은 경우도 있고 그럴 때는 규제가 개입될 수밖에 없다. 이 장에서는 인공지능과 데이터로 대변되는 새로운 정보화 혁명(요즘은 4차 산업혁명이라고 부르고는 한다) 시대에 데이터 또는 인공지능으로 야기되는 변화의 흐름 속에서 국가나 법이나 제도라고 하는 기존의 틀을 이 새로운 변화에 어떤 식으로 적용할 수 있을 것인가에 초점을 맞추고자 한다.

자유와 규제

정보화 혁명 시대 초기부터 지금까지 인터넷과 데이터를 기반으로 한 산업을 발전시켜온 핵심 가치는 '자유'였다. 인터넷의 자유로운 활용, 인터넷에 대한 무제한적인 접근, 데이터의 자유로운 활용, 이런 것들이 기존 산업의 발전을 꾀했다. 대표적인 사례가 구글이라는 거대 글로벌 기업이다.

그런데 인터넷에서만 활동하던 초기의 데이터 기반 기업들이 점차 그 영역을 확대하여 오프라인으로 진출하기 시작했고, 전통적인 산업 구조하에서 막대한 부를 창출하던 기존 기업들은 데이터를 기반으로 해서 인터넷이나 온라인에서 생겨난 똑똑한 기업들에게 그 역할을 내주게 되었다. 이 과정에서 기존 기업들이 산업을 이끌던 것과는 다른 방식으로 시장을 확대하고 있기 때문에, 기존 기업들에게는 엄청난 충격으로 다가올 수 밖에 없었을 것이다. 예를 들면, 우버Uber 나

에어비앤비Airbnb는 데이터를 기반으로 하여 숙박객과 유휴 자원을 가진 자동차나 주택 소유주를 이어준다. 이 과정에서 기존의 오프라인 사업자들이 예상하지 못했던 기능들이 나타난다. 사실 우버나 에어비앤비는 이용자들에게 제공되는 서비스 전면에는 등장하지 않고 그 배후에서 수요와 공급을 이어주는 역할을 할 뿐이다. 그 역할을 수행하는 데 앱과 데이터, 네트워크를 활용할 뿐이다. 우버와 에어비앤비는 서비스를 제공하기 위하여 전 세계 각지에 사무실을 열거나 대규모 네트워크나 데이터 센터를 구축할 필요 없이 기존 자원을 활용할 따름이다. 여기서 비용을 절감하고 이용자들에게 그 편익을 되돌려줄 수 있다. 이는 곧 저렴한 이용 요금으로 연결되고, 동일한 서비스에 더 큰 편익을 느낀 이용자는 기존의 전통적인 서비스로 되돌아가기가 쉽지 않다. 이로써 경쟁에서 뒤쳐지는 기존의 사업자들은 새로운 변화를 받아들이거나 또 다른 변화를 이끌어내지 않으면 혁신에서 비롯되는 경쟁에서 살아남기가 어렵다. 따라서 혁신이 일어나는 분야에서는 불가피하게 기존 사업자와 혁신적인 신사업자 간에 경쟁 혹은 다툼이 생겨나는데, 그 이해 충돌을 효과적으로 통제하는 방법 가운데 하나가 바로 규제regulation이다.

혁신이 몰고 오는 바람

혁신이라는 칼을 가지고 등장하는 신사업자는 시장에 새로운 바람을 불러오고 이용자에게 큰 편익을 가져온다. 그러나 한편으로 혁신은 양날의 칼과 같아서 사회나 경제에 나쁜 결과를 가져오기도 한다. 데이터가 유통되는 핏줄과도 같은 네트워크는 누구나 쉽게 접근할 수 있는 것이어야 한다는 생각이 현재와 같은 네트워크 연결 사회를 만들었다. 새로 나타나는 사업자는 누구든 이 네트워크를 자유롭게 이용하여 사업할 수 있고, 혁신적인 아이디어를 바탕으로 한 신서비스로 부가가치를 창출하여 경제 발전에 기여하고 이용자에게 새로운 편익을 제공해준다면 더할 나위 없이 착한 혁신 사례가 될 것이다.

그런데 혁신적인 서비스라도 네트워크에 엄청난 부담을 줘서 다른 다수의 이용자나 사업자가 제대로 서비스를 제공하거나 이용하지 못하는 상황을 야기한다면, 그럼에도 우리는 이를 착한 혁신이라고 인정할 수 있을까? 미국의 컴캐스트_{Comcast} 사건이 그 대표적인 사례이다. 데이터 이용량이 많은 P2P 서비스인 비트토렌트_{BitTorrent}와 그누텔라_{Gnutella}를 통하여 파일을 전송할 수 없도록 조치한 컴캐스트에 대해 미국연방통신위원회_{FCC}가 제재 조치를 했고, 이런 제재 조치에 대해 법원에 소송을 제기한 사건(Comcast Corp. v. FCC, 600 F.3d 642)이다. 이렇게 네트워크의 자유로운 접근이라는 쟁점은 단순히 특정 기업을 둘러싼 논란에 그치지 않고 현재까지도 망 중립성_{Net Neutrality} 논의로 이어지고 있다. 최근 취임한 트럼프 미국 대통령도 핵심 공약으로 반이민 정책 추진, 오바마 케어 폐지와 함께 오바마 정부에서 강력하게 추진했던 오픈 인터넷 규칙_{Open Internet rules} 폐기를 주창하면서 강력한 추진을 천명하고 있는 것은 혁신적인 서비스가 언제나 수용 가능한 절대선_{絶對善}은 아니라는 점을 반증한다.

이용자에게 직접적인 불이익이나 편익 하락을 체감하게 만들었다는 측면도 있었지만, 컴캐스트 사건이 사업자 간 이해관계가 극명하게 충돌할 수도 있다는 문제점을 나타내는 대표적인 사례였다면, 사업자 간 이익의 충돌뿐 아니라 그보다 더 직접적으로 이용자에게 불이익, 나아가 심각한 권리 침해를 야기시켜 사회적인 문제 의식을 불러일으킨 사례가 있다. 바로 인도에서 발생한 우버 기사 강간 사건과 스페인에서 발생한 에어비앤비 숙박업자 강간 사건이 그렇다. 이 사건들로 우버나 에어비앤비를 이용하는 고객의 신체 안전성에 대한 의문이 제기되었고, 서비스를 제공하는 우버나 에어비앤비의 책임에 관한 문제도 제기되었다.

우버와 에어비앤비가 혁신적인 이유 중 하나는 실제 택시 운송업이나 숙박업을 직접 수행하는 것이 아니라 그저 유휴 자원을 중개하는 것이기에 직접적인 서비스와 관련 책임으로부터 자유로울 수 있다는 점이다. 이런 혁신적인 면이 기존 사업과 차별성을 두는 반면, 규제의 필요성을 야기하기도 한다. 법이나 제도가 개입하는 전형적인 쟁점의 하나가 책임 문제이다. 일반 이용자인 시민들에게 손해가 발생하여 책임 문제가 제기된 경우, '일반 시민의 시각에서' 실제로 책임을 져야 할 것으로 '보이는' 사업자(이용자와의 접점을 가지는 우버나 에어비앤비)는 책임을 면하고, 실제 서비스를 제공하지만 눈에 보이지 않거나 잘 드러나지 않는 사업자(위 서비스를 이용해 자신의 유휴 자원인 차량이나 숙박을 제공하는 자)는 책임질 능력이 충분하지 않아서 책임지지 못하는 결과에 다다른다면, 일반 시민을 보호하기 위하여 국가는 법이나 제도를 통한 '규제'의 칼날을 빼어들 수밖에 없을 것이다. 우버는 전통적인 택시 사업자에게 요구되는 일정한 의무, 예를 들어 보험이나 공제 가입 의무, 일정한 자격 취득·유지 의무, 안전을 위한 각종 준수 의무 등이 요구되지 않기 때문에 그 공백에서 발생하는 위험을 일반 시민들이 떠안도록 하는 것은 문제라고 인식되기 쉽다. 결국 혁신적인 서비스를 가진 신사업자가 기존 산업 규제의 틀로 들어가거나, 아니면 규제가 없는 상태를 유지(혹은 방치)하거나 그도 아니면 혁신 서비스에 적합한 규제를 갖춰 새로운 시장을 따로 만들어주는 등의 방안을 고려해야 할 것이다.

변화에 대응하는 규제의 자세

혁신적인 기술이나 서비스가 등장하면 기존의 규제 틀과 필연적으로 부딪힌다. 기존의 규제는 모두 다 사연이 있다. 사람의 생명이나 재산을 보호하기 위한, 그도 아니면 기득권을 보호하기 위한 나름의 목적이 있다. 다양한 목적으로 기존 규제의 틀이 촘촘히 짜여 있는 것이다. 새로운 시대에 그런 규제의 목적이 유지되어야 하는가는 규제마다 달라 일률적으로 결론지을 수 없기 때문에, 여기서는 따로 논의하지 않는다. ① (혁신 금지 규제) 혁신이 몰고 오는 변화에 기존 규제 틀이 대응하는 방법은 새로운 혁신을 불법으로 결론짓고 금지시키거나 기존의 규제 틀에 맞추도록 요구하는 방법이 있다. 반면 ② (규제 틀 확대) 혁신을 불가피한 것으로 받아들이고 기존의 규제 틀을 변화·확대시켜 혁신을 규제 틀 속으로 받아들이는 방법도 있으며, ③ (규제 틀 신설) 기존의 규제 틀과는 다른 새로운 규제 틀을 만들어 혁신에 맞춰주는 방법도 있다. 더 나아가 ④ (규제 철폐) 기존의 규제 틀을 없애고 완전히 자유롭게 혁신을 허용해주는 방법도 있다. 어느 것이든 신중하게 결정해야 한다. 특히 데이터 이코노미로 빠르게 변화하는 시대에는 자칫 그 선택에 실수가 있을 시 데이터를 기반으로 하는 미래 사회·경제에 엄청난 악영향을 미칠 수 있기 때문이다. 모든 국가가 4차 산업혁명 또는 초연결 혁명이라는 기치 아래 미래 글로벌 사회의 주도권을 쥐기 위하여 적극 대응하고 있는 시점에 잘못된 선택은 국가의 미래 사회 전반에 돌이킬 수 없는 결과를 야기할 수 있다는 것이다. 어떤 방식을 채택할 것인가를 두고 다양한 미래 예측과 이해 관계자들 간의 이해관계 조정이나 타협 결과에 따라 최적의 결론 또는 불가피한 결론이 도출되기도 한다.

지난 1~2년 동안 많은 논란을 불러일으켰던 또 다른 쟁점은 핀테크FinTech였다. 핀테크는 금융finance과 기술technology이라는 단어에서 각각 따서 만든 용어로, 특히 IT 기술이 결합된 금융 서비스나 그 서비스를 제공하는 회사를 말한다. 원래 금융 산업은 전통적으로 가장 강력한 규제가 존재하는 영역이었기 때문에 새로운 혁신을 의미하는 IT가 적극적으로 도입되는 데 한계가 있다고 보았다. 그런데 경제 위기 이후 IT 산업의 혁신적인 마인드를 결합하여 금융 산업의 고질적인 병폐나 문제점을 혁파하고자 하는 흐름에 힘입어, 단순히 금융 산업을 지원하는 기술이나 기기에서 벗어나 적극적으로 금융 소비자와의 접점에서 금융을 이끌어가는 주연으로 그 역할이 바뀌었다. 지급 결제 분야에서 카카오페이나 네이버페이 등 수많은 '○○페이'의 홍수 속에 다양한 지급 결제 수단이 등장하고 있다. 금융 서비스도 금융 빅데이터 분석을 통하여 더 똑똑해졌고 P2P 대출 회사와 같은 새로운 금융 플랫폼이 등장하기도 했다. 금융 산업의 핵심과도 같은 은행업에도 혁신성이 전이되어 온라인으로만 영업하고 오프라인에 따로 점포를 두지 않는 인터넷 전문 은행이 도입되기에 이르렀다.

그럼 가장 규제가 강한 은행업에 혁신으로 무장된 IT가 어떻게 융합될 수 있었을까? 인터넷 전문 은행의 도입을 두고 IT업계와 은행업계는 극과 극으로 대립했었다. 특히 규제의 핵심에 도전하는 경우에 그 충돌은 더욱 커질 수밖에 없었다. 인터넷 전문 은행을 둘러싼 쟁점 중에는 은산 분리 규제 완화처럼 핵심적인 규제에 의문을 던지고 시대의 요구에 맞게 변화해야 한다는 주장이 혁신적인 IT 업계를 중심으로 제기되었다. 많은 논의와 논란 속에 2017년 4월 드디어 국내 제1호 인터넷 전문 은행인 케이뱅크가 영업을 시작했고 곧 카카오뱅크도 출범할 예정이다.

혁신의 아이콘인 인터넷 전문 은행은 어떻게 온갖 규제가 넘쳐나는 은행업 분야에 진출할 수 있었을까? 결론부터 말하면, 우리나라에 도입되는 인터넷 전문 은행은 온라인 점포를 거치지 않고도 비대면 실명 확인을 통하여 계좌 개설 등 은행 서비스 전반을 이용할 수 있다는 측면에서 기존의 은행과 다르지 않다. 그러나 IT 기술을 더 많이 활용한다는 측면에서 점포를 기반으로 하는 기존 은행업과 차이가 있다.

IT 분야의 혁신은 '자유로움'에 있다. IT 기술을 이용하여 다양한 새로운 서비스를 만들어내고 기존 서비스에 결합하여 전혀 다른 편익을 만들어낸다는 점에서 IT의 접목은 자유로워야 한다. 그러기 위해서는 IT가 은행 서비스와 결합하는 데 장애물이 없어야 한다. 즉, 규제가 없어야 한다는 뜻이다. 그런데 인터넷 전문 은행은 사실상 기존 은행과 거의 비슷한 규제 수준을 충족시켜야 한다. 케이뱅크나 카카오뱅크는 기존 은행과 IT 업체들의 컨소시엄을 통해 새로운 은행을 출범시켰다. 새로운 인터넷 전문 은행도 기존 은행에 적용되는 진입 기준을 모두 준수해야 한다. 현재 국회에는 인터넷 전문 은행의 설립과 운영에 관한 특례 규정을 담은 입법안이 여러 건 발의되어 계류 중에 있다. 그러나 적어도 그 입법안이 통과되기 전에는 현행 은행법이 적용될 수밖에 없다. 아무리 혁신으로 무장한 IT 업계라도 규제 산업군에 진출하기 위해서는 불가피한 선택이다. 결국 이런 과정을 거쳐 온라인 서비스를 주로 하는 은행 2개가 설립된 것이다.

이 결과를 두고 IT 혁신을 부르짖는 쪽에서는 혁신 마인드가 규제 논리에 졌다고 표현하기도 한다. 반면 규제 영역에서는 은행법의 고유한 규제 목적인 경제 질서 안정과 국민의 금융 이익 보호 및 경제 발전을 위하여 불가피한 선택이자 타당한 결론이라고 하기도 한다. 그러나 인터넷 전문 은행에 대한 규제를 완화하는 특례법의 입법 시도를 두고 은행업 고유의 규제 목적을 훼손하는 부당한 입법 노력이라고 비판하기도 한다. 어느 주장도 부당하다고 말하기에는 분명 어려운 영역이다. 중요한 것은 은행업 고유의 규제를 주장하는 측과 IT 혁신을 주장하는 양측이 함께 노력하여 적어도 한 발자국은 움직였다는 점이다. 물론 인터넷 전문 은행에 대한 규제가 어느 방향으로 가야 할지 아직

정답이 없다. 그러나 IT 혁신의 또 다른 주요 가치는 '개방성'이다. 규제를 완화할지 새롭게 만들지 아니면 폐지할지를 결정하는 데 상대방의 입장을 받아들일 수 있는 개방적인 자세를 유지하는 것도 혁신으로 인한 변화에 동참하는 것 이상으로 중요한 가치이다.

데이터 이코노미 시대에 인공지능과 데이터가 가져올 변화와 규제

데이터 이코노미 시대는 인공지능과 데이터가 주역이 될 것으로 보인다. 인공지능과 데이터가 결합하여 IT 기반 사회를 더욱 똑똑하게 만들면, 우리의 일상이 지금보다 훨씬 더 편리해질 것이다. 사람이 하던 많은 일을 인공지능이 대신 처리해줄 것이고, 이에 사람이 움직여야 할 많은 일에서 해방될 것이다. 언제일지는 모르지만, 어쩌면 영화에서처럼 우리는 인공지능과 데이터가 처리해주는 정보를 제공받고 영양을 공급받으면서 한곳에 영원히 머무를지도 모르겠다. 이런 먼 미래의 이야기가 아니더라도 데이터 이코노미 시대에는 사람이나 주변 사물·환경에 대해 수집된 수많은 데이터를 인공지능이 분석하고 이를 바탕으로 의사 결정을 내리면, 사람이 그 결과의 대상이 될 것이다. 혁신 마인드로 생각하면, 그런 수많은 변화는 결국 우리의 편익을 증진시켜주는 데 기여할 것이므로, 적극적으로 수용하고 허용해야 할 것이다. 반대로 인공지능과 데이터가 생성해내는 많은 작용의 결과는 궁극적으로 사람을 향해 있기 때문에, 그 결과가 사람에게 부정적인 영향을 미칠 때는 그로 인한 부작용을 제거하거나 사전 예방을 위한 안전망safe guard을 준비할 필요가 있다.

인공지능과 데이터 작용이 사람이나 사회 질서 전반에 부정적인 영향을 미치는 대표적인 사례가 바로 프라이버시 또는 개인정보 보호 이슈이다. 법 제도가 보호하고자 하는 인류의 이익 가운데 가장 앞선 것의 하나가 바로 생명, 인격 또는 인간의 존엄과 같은 본질적인 가치이다. 모든 것을 희생해서라도 지키고자 하는 핵심 가치인 것이다. 개인정보나 프라이버시는 정보 기반 사회에서 그 본질적 가치에 가장 가까이 위치해 있다. 모순되게도 데이터 이코노미 시대에 필수적이면서도 본질적이 구성 요소가 데이터인데, 그 데이터에 담긴 정보의 상당 부분은 불가피하게도 사람에 관한 것이다. 인공지능이 그 데이터를 아무런 감정 없이 처리한다고 해도, 처리에 수반한 결과는 아주 미묘하게 사람의 본질적 가치에 해를 주기도 하고 이익을 주기도 한다.

이렇게 미묘한 가치가 혼재된 데이터가 데이터 이코노미 시대에 처리해야만 하는 본질적인 구성 요소인 것이다. 여기서 데이터의 자유로운 처리와 유통이라는 가치와 사람의 본질적인 이익을 지키려는 가치가 충돌한다. 이런 충돌을 막고 부작용은 최소화하면서도 데이터 이코노미의 편익은 극대화하기 위한 안전망이 필요해진다. 데이터 이코노미 시대의 안전망은 인공지능과 데이터를 둘러싼 혁신을 보장하는 매커니즘인 동시에 사람의 본질적 가치를 보호하고 보존하기 위한 체계여야 한다. 이와 같은 안전망을 준비,하기 위해서는 자율적 노력에서 강력한 법적 규제에 이르기까지 다양한 수준의 실행 수단이 존재한다.

데이터 이코노미와 자율성

인공지능은 사람의 지시나 명령으로부터 자유로운 존재이지만 사람이나 사회 질서 등을 위하여 활동하는 존재이다. 그 부여된 목적을 위하여 자율적으로 활동하는 존재인 것이다. 데이터 이코노미 시대는 인터넷이 태동할 때의 본질적 가치가 그대로 이어지면서도 업그레이드된 시대일 것이다. 인터넷의 가장 큰 특징 중 하나는 개별 참여자의 참여가 확장·강화되고 참여자 사이의 관계가 매우 복잡하게 일대일로 얽힌다는 것이다. 또 인터넷의 발달은 인터넷 이용자의 자발적 참여가 중요한 역할을 하고 있다. 이 점이 국가나 법에 의한 강제적 규제 방식보다 인터넷에 대한 참여자의 자발적인 규제, 즉 자율 규제가 강조되는 이유 가운데 하나이다. 뿐만 아니라 인터넷상에서 일어나는 이익 충돌을 미연에 방지하거나 규제의 본질적 목적을 달성하면서도 인터넷의 특성을 유지·발전시키려면 무엇보다 참여자의 '자율성

_{autonomy}'이 중요하다.

인터넷이 고도화되고 인공지능과 데이터가 결합되어 더욱 발전해 가는 데이터 이코노미 시대에는 인공지능이나 사람 등 참여자가 더욱 복잡하게 얽히고 초연결되면서 그에 따라 이익 충돌의 사후 해결보다는 사전 예방과 자정自淨할 수 있는 시스템을 갖춰놓는 것이 더욱 효과적일 것이다.

이런 점에서 데이터 이코노미 시대에 적합한 안전망 구축 수단으로 생각할 만한 첫 번째 방식으로 자율 규제를 들 수 있다. 순수 민간 영역에서 이루어지는 자율적이고 자발적인 규제는 그런 자율 규제를 수행하는 주체가 해당 분야의 경험과 전문 지식을 바탕으로 규제를 수행하기 때문에, 기준을 정립하거나 해석하는 데 국가에 의한 강제 규제보다 정보 비용이 낮고 유연하다는 장점이 있다. 이런 변화에 따른 유연성과 변화 가능성은 특히 데이터 이코노미 시대와 같이 변화가 빠른 시대에 더욱 유용하다. 자율 규제는 규제를 하는 자와 규제를 받는 자 사이의 상호 신뢰 속에서 협력적으로 규제를 수행하기 때문에, 감독이나 집행에 드는 비용을 낮출 수 있으며, 피규제자 입장에서도 순응 비용이 적게 든다는 장점이 있다. 이는 과잉 규제를 최소화하는 데 기여할 수 있다.

반면, 자율 규제는 민간의 자율에 맡겨둔다는 측면에서 자율이 가지는 위험성을 고스란히 드러낸다. 즉, 국가에 의한 규제 대상이었다면 각종 제한이나 법적 규율이 가해졌겠지만, 아무런 제한이나 법적 규율을 받지 않는 자율 영역에 두었기 때문에 자칫 법이 허용하지 않는 것을 우회적으로 허용하는 남용 가능성이 있다는 문제가 제기될 수 있다. 자율 규제의 엄격성과 중립성이 지켜지지 않으면 규제 수준이 완화되어 방종으로 흐를 수도 있고 불투명한 자율 규제로부터 그 효과성이 담보되지 않는다는 문제가 발생할 수도 있다. 이렇게 불투명성이나 중립성 훼손 등은 결국 자율 규제의 신뢰성을 저하시키고 비효율성을 증가시킨다. 나아가 자율 규제라는 미명하에 시장에 신규 진입하는 자들에게 장벽으로 남용될 여지도 있다. 따라서 데이터 이코노미 시대에는 혁신을 위한 자율성 강조 못지않게 그 부작용을 억제하기 위한 조정이 필요하다.

데이터 이코노미 시대에 맞는
착한 규제 틀

인공지능이나 데이터를 기반으로 한 데이터 이코노미 시대에는 인공지능에 의한 창작물의 저작권 보호, 인공지능이 체결한 계약의 법적 효과, 인공지능이 야기한 손해에 대한 책임 인정 여부와 그 귀속 주체, 인공지능과 인공지능 사이의 이해 충돌, 인공지능이 생성한 정보의 진실성과 거짓 정보로 인한 사회 질서 교란, 인공지능에 의한 프라이버시나 개인정보 침해 문제, 인공지능의 독자적인 권리 주체성 주장 가능성 등 지극히 현실적인 문제부터 약간은 허황되지만 먼 미래에 실현 가능성이 엿보이는 문제에 이르기까지 매우 다양한 쟁점이 야기될 수 있다. 앞에서 살펴본 것처럼 데이터 이코노미 시대에는 지속적인 발전을 위하여 꾸준한 혁신과 개방의 자세를 유지하는 것도 필요하지만, 한편으로는 인류의 본질적인 이익을 보호하기 위한 노력도 필요하다.

그렇다면 이런 다양한 요구 속에서 데이터 이코노미 시대에 적합한 착한 규제 틀은 어떤 모습이어야 할까? 최근 ICT에 활력을 불어넣고 4차 산업혁명 시대를 성공적으로 맞이하기 위하여 낡은 규제를 모두 헐어내자는 움직임이 여러 곳에서 진행되고 있다. 그런 노력들을 들여다보면, 공통적으로 등장하는 하나의 키워드가 있다. 바로 '네거티브 규제'이다. 네거티브 규제란 필요한 최소한의 규제를 남기고, 규제에 해당하지 않는 이상 모두 허용되는 방식의 규제를 뜻한다. 일단 금지하고 인허가 등을 통하여 허용하는 포지티브 규제에 대응하는 용어로 사용된다. 많은 이들이 네거티브 규제에 지지를 보내는 것 같다.

그런데 네거티브 규제가 항상 옳은 것일까? 규제 목적이나 대상에 따라서는 포지티브 규제 방식이 옳을 수도 있다. 절대적으로 보호해야 하는 법익이라면 원칙적 금지와 예외적 허용 방식으로 이루어지는 포지티브 규제가 타당할 수 있다. 그럼 절대적으로 보호해야 하는 법익과 관계가 없거나 그런 사례가 극히 예외적인 분야라면 어떨까? 굳이 포지티브 규제 방식을 강조할 필요는 없을 것이다.

그렇다면 데이터 이코노미를 이끌 인공지능이나 데이터에 대한 규제는 어떤 방식이어야 할까? 데이터 이코노미는 너무나도 광대한 개념이라 관련되는 이익도 다종다양하기 때문에 그에 관계되는 규제도 매우 다양하다. 때문에 일률적으로 어느 방식이 타당하다고 단언하기는 쉽지 않다. 그러나 앞서 이야기한 것처럼 데이터 이코노미 시대를 열어가기 위해서는 자율성이 무엇보다 중요하다. 혁신에 자율성을 보장한다는 것은 규제로부터 가능한 한 자유롭게 만들어줘야 한다는

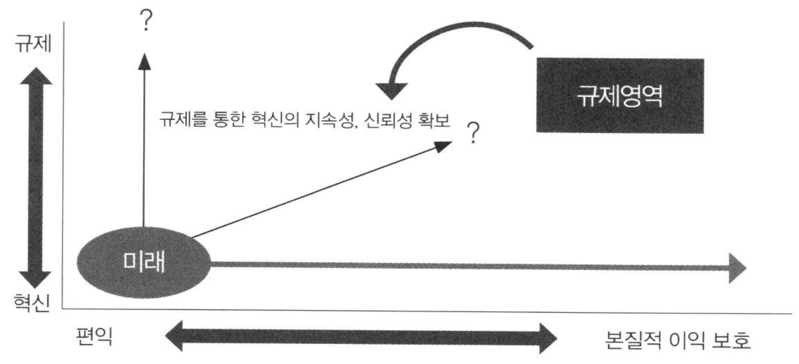

것과도 일맥상통한다. 혁신을 규제로부터 가능한 한 자유롭게 만들기 위해서는 네거티브 규제 방식이 기본이 되어야 할 것이다. 혁신가들이 창조적인 마인드를 가지고 데이터 이코노미를 발전시켜나갈 수 있도록 일단 새로운 기술 개발이나 적용 단계에서 강제적인 규제를 최소화할 필요가 있다. 대신 그 자리를 자율성에 기초한 자율 규제로 채울 수 있는 환경이 마련되어야 할 것이다. 동시에 인간의 생명과 같이 본질적인 가치가 훼손되지 않도록 사람의 생명이나 존엄과 직결된 부분에는 불가피하게 포지티브 규제 방식이나 강제 규제가 활용될 수밖에 없을 것이다. 본질적인 이익 보호와 관련한 최소한의 강제 규제와 원칙적인 자율 규제의 컬래버레이션collaboration 이야말로 데이터 이코노미 시대에 맞는 착한 규제 틀이 아닐까?

모든 규제에는 이유가 있다. 따라서 본래 목적을 향한 궤적을 벗어나지 않도록 유지시켜주는 것이 중요하다. 규제는 혁신에 배치되는 것이 아니라 지속적인 혁신과 혁신의 신뢰성을 지켜주는 데 기여하는 세이프 가드_{safe guard}이자 보조자_{assistant}이어야 한다. 이처럼 착한 규제 틀을 만들고 유지하기 위해 꾸준히 노력하는 것이 데이터 이코노미를 맞이하는 우리 모두에게 맡겨진 과제이다.

미주

1장

1 Sam Levin, "A beauty contest was judged by AI and the robots didn't like dark skin", The Guardian, 2016. 9. 8.

3장

1 온라인 환경에서 기기 간 이루어지는 상호 작용 또는 현상을 사물인터넷(Internet of Things)이라 부른다.

2 서비스 론칭 초기여서 현재는 언어와 뉴스 피드 등에 아직 제한이 있는 것으로 보인다.
http://news.chosun.com/site/data/html_dir/2017/03/07/2017030700227.html

3 빅데이터의 특징으로 흔히 수량(volume), 종류(variety), 속도(velocity), 가치(value), 이렇게 네 가지 'V'를 꼽는다. 전에는 앞의 세 가지가 주로 거론되었으나 최근에는 네 번째 'V'인 가치를 아울러 지적하는 경우가 많아졌다.

4 신흥 자동차 업체인 테슬라도 그렇지만 자동차 제조사가 아님에도 자율주행 자동차 또는 관련 산업에 뛰어들고 있는 사업자로는 구글을 비롯해, 우버, 인텔, 삼성전자 등 실로 다양한 기업들이 포진하고 있다.

5 구글은 온라인 검색 및 관련 서비스 시장, 아마존은 e커머스 시장, 마이크로소프트는 PC 및 모바일 운영 체제 시장, 애플은 모바일 등 디바이스 시장, SK텔레콤은 이동통신 시장의 경쟁자로 주로 인식되어 왔다.

5장

1 법적으로는 전자지급결제대행업자(PG: Payment Gateway)라고 부르며, 대표적으로 KG이니시스, LG유플러스, 다날, NHN한국사이버결제(KCP) 등이 있다.

2 http://biz.chosun.com/site/data/html_dir/2015/03/25/2015032501230.html

3 애플은 폐쇄적 하드웨어 기반의 제품과 서비스 공급 체계를 유지하고 있기 때문에 결국 애플페이는 하드웨어 기반이자 동시에 운영 체제 기반의 결제 서비스라고 볼 수도 있다.

4 원래 '지급 결제'란 지급(Payment)와 결제(Settlement)를 총칭하는 것으로, 상거래에서의 대금 결제에 그치지 않고 송금, 증권 거래 결제 등 금융 시장과 상품 전반에 걸친 자금 이동과 그 관리 체계를 의미한

다. 우리나라에서는 한국은행과 금융결제원을 중심으로 한 기간 금융 결제망에서 이루어지고 있다. 그러나 고유한 의미와 달리 실생활에서는 단순 송금에 대응한 온·오프라인 경상거래에서 대가의 지급 거래를 지칭하기 위해 사용되는 경우가 많다. 이런 용례가 반드시 정확한 것은 아니지만, 이 글에서는 이해를 돕기 위해 후자의 의미로 사용하기로 한다.

5   http://www.investchosun.com/2017/02/23/3209457

6   웹 브라우저를 열고 몇 가지 서핑만 해봐도 당장 쿠키 정보를 긁어내 분석하여 맞춤형 광고를 띄워주는 구글과 페이스북을 보라. 이와 같은 데이터 집적으로 구축한 빅데이터를 바탕으로 동적인 (dynamic) 예측 물류 시스템을 구축하여 실용화한 아마존닷컴의 기법도 이제는 낯설지 않다.

7   안심클릭이나 ISP 카드 등록, 온라인 송금의 무간지옥에서 헤매본 사람이면 현재 스마트폰에서 이루어지는 앱 카드나 네이버페이 결제, 토스 송금 등은 가히 신세계라 느낄 만하다.

8   단순히 금융 회사들이 제대로 보호 조치를 안 하니까 한번 사고가 나면 회사를 망하게 해야 한다거나, 일단 외부에 정보가 나갔다는 사실로 정신적인 스트레스를 받았으니 주먹구구식 위자료를 매겨야 한다거나, 또는 천문학적 액수의 법정 손해 배상을 '때려서' 정신을 차리게 해야 한다는 식의 프로파간다 (propaganda)로 접근할 문제가 아니라는 이야기이다.

9   http://www.nocutnews.co.kr/news/4726042

6장

1   Rebecca Skloot, The Immortal Life of Henrietta Lacks. New York: Crown Publishers, 2010; 레베카 스클루트 지음, 헨리에타 랙스의 불멸의 삶, 김정한·김정부 옮김, 문학동네, 2012.

2   인간을 대상으로 하는 연구에서 연구 대상자를 보호하기 위한 규정은 미국의 보건복지성, 농무성, 국방성 등 여러 부처에서 동일한 내용을 법제화했기 때문에 'Common Rule'이라고 부른다.

3   생명 윤리 및 안전에 관한 법률 시행 규칙은 인체 조직을 연구 목적으로 제공하는 사람에게 사용할 수 있는 동의서 양식으로, 별지 제34호와 별지 제41호, 이렇게 두 종류를 지정하고 있다. 여기서 논의하는 내용은 이 두 가지 양식에 모두 적용된다.

4   Moore v. Regents of the University of California, 793 P.2d 479 (Cal. 1990). 이 판결과 해당 사건은 『헨리에타 랙스의 불멸의 삶The Immortal Life of Henrietta Lacks』 27장에도 소개된다.

5   "I do voluntarily grant to the University of California all rights I, or my heirs, may have in any cell line or any other potential product which might be developed from the blood and/or bone marrow obtained from me."

7장

1   마이클 헬러 지음, 소유의 역습 그리드락, 박미나 옮김, 웅진지식하우스, 2009.

2   대법원 2011.9.2. 선고 2008다42430 전원합의체 판결.

3   대법원 2016.8.17. 선고 2014다235080 판결.

8장

1   Data Re-Use Agreement, between NHS Information Center and IMS Health, dated October 6, 2010.

2   Alex Hern, "Google DeepMind pairs with NHS to use machine learning to fight blindness", The Guardian, July 5, 2016.

9장

1   사실 그때 우루과이라운드 협상 결과, 부가 통신 사업 시장이 열리는 바람에 외국 IT 플랫폼들이 들어올 수 있었다. 물론 정보 서비스가 아직도 통신 서비스로 분류되어 규제되는 것은 잘못된 일이다.

2   외국에서는 인터넷이 나라별로 쪼개진다는 뜻의 스플린터넷(splinternet) 또는 인터넷 발칸화(internet balkanization)라는 말도 사용된다. 그러나 이는 중국의 황금방패 프로젝트(金盾工程), 북한의 인터넷 차단, 우리나라 방송통신심의위원회 심의 등과 같이 주로 자국 국민들이 외국 정보를 못 보게 한다는 뜻으로 더 자주 쓰인다. 결국 '정보 주권'이라는 말과 바로 관련은 없으므로 여기서는 생략한다.

3   언론에는 상호 접속 기준상 WIPI 탑재 의무가 주범으로 지목되었다. 그도 맞는 지적이지만 이외에도 통신 기기 인증 기준상 TTA 표준에 따른 호환 충전기 지원 의무, 통신비밀보호법상 단말기고유번호(IMEI) 공개 금지에 대한 엄격한 해석론도 한몫했다.

4   개인정보 규제를 준수하려면 정보를 먼저 정보통신망법, 신용정보법, 개인정보법, 위치정보법 등 적용 대상으로 나눈 다음, 각 법이 달리 요구하는 서로 다른 조치를 적용해야 한다. 한 법으로 깔끔하게 통일해서 규제했으면 될 일을 부처끼리 밥그릇 싸움을 하다가 생긴 일이다.

5   그나마 공인인증서 강제가 폐지되어 다행이지만 한번 이런 법이 생기면 폐지된 이후에도 과거로 돌아가는 데 무척 시간이 걸린다. 마치 쿼티(QWERTY) 키보드처럼, 기존 설정에 따라 계속 시스템이 구축되고 표준화되기 때문에, 비록 현재 기준에서 비효율적이라 하더라도 과거로 갑자기 돌아가기 어려워지는 경로 의존성(path dependency) 현상 때문이다.

6   재판관할이란 외국 기업의 행위나 외국에서 이루어진 일에 대해 우리나라 법원이 재판할 수 있는가를, 입법관할 또는 규제관할이란 이런 국제적 사안에 대해 우리 규제 기관이 국내법을 적용하여 규제할 수 있는가를 따져보는 것이다.

7   본인확인제는 이후 헌법재판소에서 위헌 결정을 받고 폐지된다.

8   미국의 우방국들이 그 밖의 국가들에 무기 제조 등에 사용될 수 있는 물자나 기술을 수출할 수 없도록 규제하는 협정이다. 개성 공단 운영 때 개성 공단으로 설비를 반출, 설치하는 것과 관련하여 수출 통제 체제 위반인지 그 여부를 놓고 문제가 된 적이 있다.

9   소위 '조세피난처' 뿐만 아니라 아일랜드, 네덜란드, 룩셈부르크 등 멀쩡하지만 법인세제가 유리한 나라들도 이용된다. 아일랜드 법인 2개와 네덜란드 법인 1개, 조세회피처 법인 1개로 구조를 짜서 법인세를 최소화하는 "Double Irish with a Dutch Sandwich" 기법이 특히 유명하다.

10 쉽게 말해, 국내 자회사가 실제 그룹 전체의 수익을 위해 국내에서 하는 활동에 비해 해외 법인에서 적

은 비율만을 수익으로 배분받아 결과적으로 국내에서 세금을 덜 내는 것을 문제 삼는다는 뜻이다.

11 이 세상 거래들은 당사자들이 처한 상황에 따라 서로 조금씩 다르다. 이런 상황에서 어떤 거래의 가격을 다른 거래에서도 그대로 표준이 되는 적정 가격이라고 함부로 말할 수 있을까? 특히 특정 기업 내부 거래라면 참조할 만한 기준이 없다고 잘라 말해도 과언이 아니다.

12 고정 사업장이란 외국 기업이 건물, 설비, 장치 등 국내에서 계속 보유하며 주된 사업을 수행하는 사업 장소를 의미한다. 고정 사업장이 존재하면 외국 기업의 국내 원천소득에 대한 과세 근거가 된다. 즉, 자회사가 수익을 얼마나 인식하는지는 더 이상 문제가 되지 않는 것이다. 다만 과세할 근거가 '생긴다'가 아니라 '생길 여지가 있다'고 한 것은 고정 사업장 문제가 매우 복잡하기 때문이다.

13 2012년 수원 토막 살인 사건 때 위치정보법상 과도한 통신 이용자 보호 조항 때문에 수사 기관에서 위치 파악이 어려워 살인을 막지 못했다. 결국 그 이후에야 위치정보법이 개정되어 112 센터 등 수사 기관의 자동위치추적권이 확보되었다.

14 상대 국가에서 범죄의 수사, 기소, 재판에 필요한 증언과 증거물을 취득하거나 압수, 수색 등을 집행할 때 서로 협력하는 것을 내용으로 하는 조약이다.

15 IDC는 다수의 서버와 너트워크 회선을 모아놓은 것으로, 서버 호텔(server hotel)이라고도 한다.

10장

1 염흥열, "전자금융서비스를 위한 전자인증 관련 주요 쟁점과 개선방안", 월간금융 713호, 전국은행연합회, 2013.

지은이 소개 서울대 법과경제연구센터

법과 경제가 만나는 지점에서 이슈가 되는 여러 현상들에 대해 분석하고 정책적 대안을 모색하는 역할을 수행하고 있다. 법학자와 법조 실무자들이 법에 대한 경제학적 접근방식에 익숙해지도록 하고, 그와 동시에 경제학 연구자들이 법의 현실적인 작동방식에 익숙해지도록 하는 것을 중요한 역할로 삼고 있다. 전통적인 법경제학 영역에 대한 연구를 비롯하여 변화무쌍한 ICT 영역에서의 법적, 경제적 현안들이나 새로이 등장한 빅데이터, 인공지능, 개인정보 보호 등과 관련된 현안에 대한 연구를 수행하고 있다. 홈페이지 : http://cle.re.kr

필진 소개

고학수(서울대학교 법학전문대학원 교수)　　　권영준(서울대학교 법학전문대학원 교수)

박상철(변호사)　　　이동진(서울대학교 법학전문대학원 교수)

이원복(이화여자대학교 법학전문대학원 교수)　　　이준희(변호사)

임용(서울대학교 법학전문대학원 교수)　　　전응준(유미 법무법인 변호사)

최경진(가천대학교 법과대학 교수)　　　홍대식(서강대학교 법학전문대학원 교수)

데이터 이코노미

1판 1쇄 인쇄 | 2017년 7월 5일
1판 1쇄 발행 | 2017년 7월 10일

지은이 서울대 법과경제연구센터
펴낸이 김기옥

프로젝트 디렉터 기획1팀 모민원, 정경미
커뮤니케이션 플래너 박진모
경영지원 고광현, 김형식, 임민진, 김주현

디자인 제이알컴
인쇄 | 제본 민언프린텍

펴낸곳 한스미디어(한즈미디어(주))
주소 121-839 서울시 마포구 서교동 392-34 강원빌딩 5층
전화 02-707-0337 | **팩스** 02-707-0198 | **홈페이지** www.hansmedia.com
출판신고번호 제 313-2003-227호 | 신고일자 2003년 6월 25일

ISBN 979-11-6007-162-7   13320

DATA
ECONOMY